中国城市治理智慧化水平评估报告

李昕 王莹 著

ZHONGGUO CHENGSHI
ZHILI ZHIHUIHUA SHUIPING
PINGGU BAOGAO

群言出版社
QUNYAN PRESS
·北京·

图书在版编目（CIP）数据

中国城市治理智慧化水平评估报告 / 李昕，王莹著. -- 北京：群言出版社，2022.6
　　ISBN 978-7-5193-0724-0

　　Ⅰ．①中… Ⅱ．①李… ②王… Ⅲ．①城市管理—研究报告—中国 Ⅳ．① F299.23

中国版本图书馆 CIP 数据核字（2022）第 052427 号

责任编辑：孙平平　宋盈锡
特邀编辑：刘云雷
封面设计：李士勇

出版发行：	群言出版社
地　　址：	北京市东城区东厂胡同北巷1号（100006）
网　　址：	www.qypublish.com（官网书城）
电子信箱：	qunyancbs@126.com
联系电话：	010-65267783　65263836
法律顾问：	北京法政安邦律师事务所
经　　销：	全国新华书店
印　　刷：	北京虎彩文化传播有限公司
版　　次：	2022年6月第1版
印　　次：	2022年6月第1次印刷
开　　本：	710mm×1000mm　1/16
印　　张：	7.5
字　　数：	99千字
书　　号：	ISBN 978-7-5193-0724-0
定　　价：	39.80元

【版权所有，侵权必究】

如有印装质量问题，请与本社发行部联系调换，电话：010-65263836

目 录

上篇·理论研究篇

一、背景与意义
（一）推进国家治理体系和治理能力现代化成为我国重要发展战略..........001
（二）社会治理能力是互联网时代衡量城市综合竞争力的关键指标..........004
（三）加快提升社会治理智慧化水平已成为城市转型升级的核心任务......005
（四）信息技术快速发展为推动城市治理智慧化提供重要支撑.................006

二、城市治理演进过程
（一）政府主导管理阶段...009
（二）政企"双轮驱动"阶段..011
（三）多元主体参与阶段...012

三、城市治理智慧化的内涵及框架体系
（一）国内外城市治理智慧化观点对比分析......................................015
（二）城市治理智慧化内涵体系..017
（三）城市治理智慧化总体架构..020

四、城市治理智慧化的国际探索
（一）美国..025
（二）欧洲..032
（三）亚洲..040

下篇·评估与实践

五、评估指标体系构建
（一）城市治理智慧化评估体系研究现状 ... 046
（二）构建原则 ... 049
（三）构建方法 ... 049
（四）指标体系 ... 051

六、评估说明及方法
（一）评估目的 ... 054
（二）评估范围 ... 055
（三）数据采集渠道 ... 058
（四）评价方法 ... 058

七、评估结果总体分析
（一）总体评估结果 ... 060
（二）区域评估排名情况 ... 075
（三）各省或自治区评估排名情况 ... 089

八、评估结果单项分析
（一）智能感知评估结果分析 ... 092
（二）智慧管理评估结果分析 ... 095
（三）惠民服务评估结果分析 ... 097
（四）网络空间评估结果分析 ... 100

目录

九、总体结论与策略建议

（一）城市治理理念逐步推进，需要继续加强制度设计与管理体制改革..103

（二）整体处于初步构建阶段，需要加大统筹布局与体系化推进力度......104

（三）城市公共服务成果初显，需要继续拓展"互联网＋城市服务"

体系..106

（四）虚拟空间管理支撑不强，需要加强信息资源开发利用水平...............107

（五）社会力量参与治理不够，需要加快构建多中心公共治理格局..........109

参考文献..111

上篇·理论研究篇

一、背景与意义

（一）推进国家治理体系和治理能力现代化成为我国重要发展战略

1. 我国高度重视国家治理体系和治理能力现代化建设

2013年11月，党的十八届三中全会明确将"完善和发展中国特色社会主义制度，推进国家治理体系和治理能力现代化"作为全面深化改革的总目标，这被视为中国的"第五个现代化"。习近平总书记在就《中共中央关于全面深化改革若干重大问题的决定》向全会作说明时，明确指出，"推进国家治理体系和治理能力现代化"。这是在邓小平战略思想的基础上提出来的，是从国家治理体系和治理能力的总体角度，"考虑全面深化改革问题"。这标志着中国特色社会主义国家治理理论的创立。

此后，在推进国家治理体系和治理能力现代化的过程中，党的十八届四中全会确立了全面依法治国战略；党的十八届五中全会在"十三五"规划建议中提出"各方面制度更加成熟更加定型"的目标；党的十九大明确提出实现国家治理体系和治理能力现代化的战略步骤；党的十九届二中、三中全会，对深化党和国家机构改革作出重大部署，对推进国家治理体系和治理能力现代化明确提出了总体要求。

2019年10月，党的十九届四中全会作出《中共中央关于坚持和完善中国特色社会主义制度推进国家治理体系和治理能力现代化若干重大问题的决定》，对坚持和完善中国特色社会主义制度、推进国家治理体系和治理能力现代化进行系统总结。在马克思主义国家治理理论发展史上，在新中国国家制度发展史上，在中国特色社会主义国家治理发展史上，都具有里程碑意义。它标志着中国特色社会主义国家治理理论的系统形成。

2020年1月1日出版的第1期《求是》杂志发表习近平总书记的重要文章《坚持和完善中国特色社会主义制度推进国家治理体系和治理能力现代化》。文章强调，坚持和完善中国特色社会主义制度、推进国家治理体系和治理能力现代化，是关系党和国家事业兴旺发达、国家长治久安、人民幸福安康的重大问题。党的十九届四中全会通过的决定，全面回答了在我国国家制度和国家治理体系上应该坚持和巩固什么、完善和发展什么这个重大政治问题，是一篇马克思主义的纲领性文献，也是一篇马克思主义的政治宣言书。全党要把思想和行动统一到全会精神上来，把学习贯彻全会精神作为一项重要政治任务抓好抓实。

2. 提升治理能力现代化水平有利于推动我国小康社会的全面建设

"十三五"时期是我国全面建成小康社会的决胜阶段，在当前经济社会进入新常态背景下，社会治理能力已成为决定我国小康社会建设提升的关键要素之一。构建完善的社会治理体系，将全面优化整个社会组织效率，提升社会资源利用价值，有利于解决社会公共管理水平低、民生服务不均等、环境资源压力大、城乡发展不均衡等问题，积极推动经济转型升级与社会文明程度提高。近几年，我国陆续制定出台了一系列关于推动国家治理体系和治理能力现代化方面的政策文件（见表1），从信息技术应用、新型城镇化、城乡社区治理等不同层面提出了具体的实施方案，全面贯彻社会治理先进理念，支持体制机制创新，积极推进社会治理现代化建设。

表1　推动国家治理体系和治理能力现代化方面的政策文件

序号	政策文件	社会治理核心内容
1	《中国共产党第十八届中央委员会第三次全体会议公报》	全面深化改革总目标是完善和发展中国特色社会主义制度，推进国家治理体系和治理能力现代化
2	《国家新型城镇化规划（2014—2020年）》	完善城市治理结构，创新城市治理方式，强化社区自治和服务功能，创新社会治安综合治理等
3	《关于印发促进智慧城市健康发展的指导意见的通知》（发改高技〔2014〕1770号）	大力推进智慧城市建设，促进城市精细化管理
4	《国务院办公厅关于运用大数据加强对场主体服务和监管的若干意见》（国办发〔2015〕51号）	加强大数据技术在社会综合治理等领域的示范应用，提升社会治理水平
5	《国务院关于积极推进"互联网+"行动的指导意见》（国发〔2015〕40号）	利用互联网探索公众参与的网格化社会管理服务新模式
6	《国务院关于印发促进大数据发展行动纲要的通知》（国发〔2015〕50号）	运用大数据完善社会治理，建立"用数据说话、用数据决策、用数据管理、用数据创新"的管理机制
7	《中共中央国务院关于深入推进城市执法体制改革改进城市管理工作的指导意见》	从市政管理、公共空间、城市交通、居住环境、应急能力、信息平台、智慧城市建设等方面完善城市管理，创新治理方式
8	《中华人民共和国国民经济和社会发展第十三个五年规划纲要》	加强社会治理基础制度建设，构建全民共建共享的社会治理格局，提高社会治理能力和水平

序号	政策文件	社会治理核心内容
9	《国家信息化发展战略纲要》	以信息化推进国家治理体系和治理能力现代化
10	《中共中央 国务院关于加强和完善城乡社区治理的意见》	健全体系、整合资源、增强能力，完善城乡社区治理体制，促进城乡社区治理体系和治理能力现代化

（二）社会治理能力是互联网时代衡量城市综合竞争力的关键指标

1. 当前社会运行模式正在发生重大变革

互联网时代，以"互联网+"为核心的运行体系正在重构社会生产生活方式，不断地打破物理世界在时间和空间上的限制，推动人类活动空间从物理世界快速地向虚拟空间延伸。根据中国互联网络信息中心（CNNIC）统计分析，截至2016年12月，中国网民规模达7.31亿，互联网普及率达到53.2%。互联网不断改变着公众的日常生活和工作方式，新媒体与社交网络的快速互动对公众行为理念及思维模式产生了重大影响。智能工业机器人、3D打印技术、工业互联网等大规模地应用，不断地推动产业转型升级，实现生产成本更低、生产周期更短、生产过程更灵活。事实上，当前经济社会已跃升到了一个新的维度空间，社会治理、经济发展、政治选举、文化传承等方面都在经历着前所未有的考验。

2. 加快构建社会治理新模式有利于提升城市综合竞争力

面对互联网带来的社会形态与生产生活方式的变革，加快构建城市治理新模式，其意义比之前任何时候都更为深远。积极推动"互联网+"与城市治理融合创新，将有利于抢抓数字红利，推动城市管理与服务模式的快速迭代，打造宜居、宜商、宜业的发展环境，快速提升城市软实力。加强信息技术在社会治理领域的应用，将有利于提升城市治理方式的智能化水平，促进政府与多元社会主体的合作互动；有利于服务型政府的建设，推动简政放权，打造以人为本的公共服务体系。构建完善的物理世界与虚拟空间联动治理模式，将有利于加强对网络和信息系统等关键基础设施保护，建立强有力的信息安全管控体系。另外，打造城市治理新模式，将驱动城市系统的整体创新发展，为培育新兴产业提供良好环境，有效提升城市经济竞争力。

（三）加快提升社会治理智慧化水平已成为城市转型升级的核心任务

1. 我国新型城镇化建设步伐不断加快

2014年，中共中央、国务院印发的《国家新型城镇化规划（2014—2020年）》明确提出，坚持以人为本、四化同步、优化布局、生态文明、文化传承的中国特色新型城镇化道路，进一步强化了新型城镇化创新发展策略，使我国新型城镇化建设步入快车道。同时，随着我国经济社会的快速发展，人们对现代教育、医疗、文化等优质公共服务需求的增强，大量农村人口不断向城镇转移，这促使城镇规模迅速扩大。据统计，我国城镇化率已由1978年的17.9%提升到2016年的57.35%，截止2016年，城镇常住人口达到79298万人。新型城镇化的快速推进使城市软硬件建设面临巨大压力，城市配套服务产品的数量与质量越来越不能满足现实需求，城市治理的整体难度也不断增大，大力推动城市治理模式升级已成为一项重要任务。

2. 提升社会治理智慧化水平有利于城市的转型升级

当前，随着我国城镇化的快速推进，人口拥挤、交通堵塞、公共卫生恶化、环境污染、就业困难等"城市病"呈现集中爆发的态势。据统计，目前2/3的城市高峰时段都存在明显的拥堵问题，由此造成了运输效率降低，社会成本大幅提高等情况的存在。每年因交通拥堵造成的损失就高达2000亿元，同时交通拥堵还带来了市民健康与环境污染等问题。所以，充分利用现代信息技术手段提升城市治理智慧化水平势在必行，这也成为推动城市转型升级的核心任务。全面落实国家"互联网+"行动计划与新型智慧城市政策，积极推广新技术在城市治理领域的应用，将有利于城市基础设施的智能化改造，提升城市承载力与运行效率；有利于创新公共管理和服务模式，提升市民幸福感；而且有利于打造创新创业的良好环境，促进人才、资金、技术的汇聚，并带动新兴产业的发展与城市转型升级。

（四）信息技术快速发展为推动城市治理智慧化提供重要支撑

1. 城市治理的智慧化是推进国家治理体系和治理能力现代化的重要组成部分和实践载体

2020年4月10日，习近平总书记在中央财经委员会第七次会议上谈到"国家中长期经济社会发展战略若干重大问题"时，将"完善城市化战略"作为推进国家治理体系和治理能力现代化的题中之意，强调要建设一批产城融合、职住平衡、生态宜居、交通便利的郊区新城，推动多中心、郊区化发展、有序推动数字城市建设，提高智能管理能力，逐步解决中心城区人口和功能过密问题。同年，习近平总书记赴浙江考察时，在杭州城市大脑运营指挥中心指出，"推进国家治理体系和治理能力现代化，必须抓好城市治理体系和治理能力现代化。""让城市更聪明一些、更智慧一些，是推动城市治理体系和治理能力现代化的必由之路，前景广阔。"习近平总书记的重要讲话精神，为推进城市治理体系和治理能力现代化提供了重要遵循和努力方向。

2. 现代信息技术已广泛应用到城市治理领域

当前，新一代信息技术日新月异，为推动城市治理的创新发展提供了重要支撑，使实现城市治理的智慧化成为可能。一方面，信息技术与智慧城市建设深度融合，在城市基础设施、公共安全、城市管理及医疗卫生、文化教育、社区服务等领域取得了大量新成果，有效提升了智能感知、安全管理、绿色运行、分析决策等能力，推动了城市治理向数据化、智能化、协同化转变。另一方面，信息技术在市民衣、食、住、行等方面也得到了广泛应用，国家构建的"一号一窗一网"政务服务体系的快速推进，实现市民办事便捷化。以互联网平台为主体的创新服务不断增加，如共享单车、掌上公交、网络约车、网上医院及网上购物与订餐等快速普及，这不断满足和丰富了市民的个性化需求。

2016年4月19日，习近平总书记在网络安全和信息化工作座谈会上的讲道，我们的国家治理中存在信息共享、资源统筹、工作协调不够等问题，制约了国家治理效率和公共服务水平。这个问题要深入研究。我们提出推进国家治理体系和治理能力现代化，信息是国家治理的重要依据，要发挥其在这个进程中的重要作用。要以信息化推进国家治理体系和治理能力现代化，统筹发展电子政务，构建一体化在线服务平台，分级分类推进新型智慧城市建设，打通信息壁垒，构建全国信息资源共享体系，更好用信息化手段感知社会态势、畅通沟通渠道、辅助科学决策。

2018年11月6日下午，习近平总书记来到浦东新区城市运行综合管理中心，了解上海在推进城市精细化管理方面的做法。他强调，城市管理搞得好，社会才能稳定、经济才能发展。一流城市要有一流治理。提高城市管理水平，要在科学化、精细化、智能化上下功夫。习近平总书记希望上海继续探索，走出一条中国特色的超大城市管理新路子，不断提高城市管理水平。

3. "互联网+"将积极推动城市治理模式与手段创新发展

2015年12月，习近平总书记重点指出，坚持以人为本、科学发展、改革创新、依法治市，转变城市发展方式，完善城市治理体系，提高城市治理能力，着力解决城市病等突出问题，不断提升城市环境质量、人民生活质量、城市竞争力。互联网思维的颠覆式创新应用，积极推动"互联网+城市"的融合发展，不断打破在时间和空间上的限制，促进城市治理理念、治理内容、治理方式的变革。在城市治理模式层面，通过构建开放式的多主体参与平台，有利于形成政府和社会各界共同治理的局面，有效激发社会组织活力，有效发挥各个参与主体的作用。基于"互联网+"的创新实践，24小时无间断线上服务得以构建，同时针对市民的个性化服务不断普及。市民办事渠道更加多样、获取服务更加高效便捷。基于大数据的城市治理，有利于解决信息不对称、响应不及时、决策不科学等问题，有效推动城市治理的精细化与智慧化。

二、城市治理演进过程

城市治理（管理）是以城市政府为主体、各相关利益主体共同参与，对城市的公共设施、社会公共事务及城市经济、社会、文化所展开的管理活动与相互影响的过程。随着社会形态、经济发展水平及现代科技等要素的不断变化，我国城市治理（管理）模式也在快速升级，围绕谁来管、管什么、怎么管等核心命题的研究和实践从未间断。自新中国成立以来，在城镇化、市场化、全球化、信息化的影响与冲击下，我国城市治理（管理）理念不断创新，治理（管理）方式逐步完善，按照生产力背景与参与主体等维度分析，主要经历了政府主导管理、政企"双轮驱动"、多元主体参与三个阶段。

（一）政府主导管理阶段

城市治理体制是建立在经济体制基础上的，是与经济体制和政府职能直接相关的。新中国成立后，我国实行高度集权的计划经济体制，同时受农业社会生产方式的影响，逐步形成了高度集权、条块分治、以条为主、建管合一的政府主导的城市管理体制。该模式下政府作为单一管理主体，行政职能起到主导作用，对城市化进程、人口增长、地区布局、规模扩大等实行全面调控，在城市公共产品提供和综合管理方面相对比较高效、有序。同时，随着工业社会的快速发展及城镇化的不断推进，政府主导模式僵化、资源浪费和效率低下等问题愈发凸显。政府主导管理模式具有很强的时代背景，优势与缺点都比较明显，具体情况见表2。

表2 我国政府主导城市管理模式多维度分析

主要维度	具体内容
时间跨度	20世纪50—90年代
产生背景	① 城市理论：国外城市生态理论、城市化理论、大都市区理论、城市郊区化理论等，国内城市化理论、城市规划理论、城乡一体化理论等 ② 社会形态：主体是农业社会 ③ 经济基础：以计划经济为主体
具体思路	政府作为城市管理的核心主导力量，以行政的力量实施城市规划、建设、管理及公共产品的提供等
主要特征	① 农业社会思维：依靠政府计划、指令进行管理 ② 参与主体单一：政府是城市管理的核心主导力量 ③ 管理模式单一：以行政权力实施城市管理 ④ 技术手段较少：新技术发展缓慢，应用不多
主要优势	① 政府统一规划和布局，在公共产品提供和综合管理方面效率相对较高 ② 政府主导可以集中优势资源，快速解决问题，提高运行效率与管理能力 ③ 形成"两级政府、三级管理、四级服务"城市管理体系，服务相对完善
存在问题	① 政府统包统揽不能有效解决实际需求，且模式僵化、效率低下 ② 依据上级政府计划、指令进行管理，没有考虑城市演变规律，问题频出 ③ 行政区域间缺乏有效协同发展机制，严重影响综合管理功能与效率实现

政府主导城市管理模式是在特定历史条件下形成的，由于社会制度使政府主动承担了城市管理的全部责任，且当时经济发展水平不高，社会参与城市管理的意识也不强。该模式持续时间比较长，虽然具有参与主体单一、管理模式单一、技术手段少等问题，但其仍然发挥了巨大的管理服务作用，为城市管理模式的变革积累了丰富的资源与经验。

（二）政企"双轮驱动"阶段

随着我国改革开放的不断深入，尤其是20世纪90年代市场经济体制的逐步完善，社会更加开放与多元，城镇化建设步伐不断加快，城市人口数量与建设规模大幅提升，政府作为单一的城市管理主体越来越难以应对复杂的形势。

为此，我国城市管理模式开始发生变化，管理主体也呈现多元化发展趋势，如城建公司、市政管理公司、物业管理公司等主体积极参与到城市管理中，并逐步形成了"政府+企业双轮驱动"城市管理模式。事实上，"政府+企业"共同管理模式不仅是市场经济与政府转型升级双重因素共同推动的结果，也是我国由农业社会向工业社会快速演变的必然要求，具体情况见表3。

表3 我国政企"双轮驱动"城市管理模式多维度分析

主要维度	具体内容
时间跨度	20世纪90年代—21世纪初期（2004年）
产生背景	① 城市理论：国外公众参与治理理论、数字城市理论，国内大中小城市与小城镇协调发展理论、城市群理论、城市可持续发展理论等 ② 社会形态：主体是工业社会，信息社会正处于起步阶段 ③ 经济基础：以市场经济为主体

续表

主要维度	具体内容
具体思路	以政府为主导，同时积极利用市场化手段，采取公共空间和私人空间共治的模式，鼓励企业参与城市规划、建设、管理及公共产品提供等
主要特征	① 工业社会思维：目标清晰，强调程序和规范操作，结果一致 ② 参与主体二元：政府和企业 ③ 市场驱动城市管理：市场利益成为驱动城市管理的重要因素 ④ 信息技术应用单一：信息技术应用领域不断增多，但应用单一
主要优势	① 政府与企业公共参与管理，增强了管理力量，拓展了管理渠道 ② 政府与企业分工明确，进一步丰富公共产品数量和质量 ③ 充分发挥了市场的优势，使城市管理更有效率
存在问题	① 缺乏有效的制度规范，政府与企业管理职能交叉，造成资源浪费 ② 在某些政府参与管理的领域，市场力量过度参与，损害了市民的利益

"政府+企业双轮驱动"城市管理模式是市场经济背景下的现实需求，市场利益成为驱动城市管理的重要因素，其充分调动了市场力量与企业的积极性，在我国社会治理与城镇化建设中发挥了巨大作用，为积极推进城市管理模式创新提供了重要经验借鉴。但由于法律法规的滞后，在该模式下的公共管理与公共产品提供方面也出现了资源浪费、损害市民利益的现象。

（三）多元主体参与阶段

自党的十六届四中全会提出建立健全党委领导、政府负责、社会协同、公众参与的社会管理格局，到党的十八届三中全会提出推进国家治理体系和治理能力现代化以来，政府加快转变管理职能，积极构建以人

续表

为本的智慧化管理模式，以应对由于城镇化快速发展及互联网广泛应用带来的各种挑战。尤其是随着公众参政议政及参与社会事务意识的不断增强，亟须构建新的城市管理模式，全面发挥公众、社会组织、企业、媒体等在城市治理中的作用。目前，我国通过"网络强国"战略的实施及"互联网+"行动计划与新型智慧城市政策的落实，积极推动物联网、云计算、大数据、移动互联网等新一代信息技术在城市建设管理中的应用，逐步打破地域与空间的限制，实现城市智能化服务与精准化管理，且积极推动城市管理向多元主体参与模式转变，具体情况见表4。

表4 我国多元主体参与城市管理模式多维度分析

主要维度	具体内容
时间跨度	2004年—至今
产生背景	① 城市理论：智慧城市理论 ② 社会形态：信息社会 ③ 经济基础：以信息经济为主体
具体思路	利用信息技术手段，通过综合运用行政机制与政府组织、市场机制与营利组织、社会机制与公众组织，构建一种全民参与的现代城市管理模式
主要特征	① 互联网思维：平台支撑，减少中间环节，打破地域、时间限制，实现城市管理互联互通、智能高效 ② 多元主体参与：政府、企业和社会 ③ 技术驱动城市管理：信息技术应用领域不断增多，提供重要支撑
主要优势	① 发挥政府、企业、公众、社会组织等多主体作用，进一步提升管理水平 ② 充分调动多领域人才、资金、技术等资源，形成良好的城市管理体系 ③ 信息技术的广泛应用，倒逼体制机制改革，推动城市管理的健康发展

主要维度	具体内容
主要优势	④通过智能化手段解决时间和地域上限制，彻底改变传统的城市管理模式 ⑤加强信息交换共享，解决信息不对称的问题，提高城市治理精准化水平
存在问题	①政府放权与分权不到位，多元主体的力量不能有效发挥 ②多元管理主体之间利益协调困难，社区自治推动缓慢，治理效果不显著 ③过于强调信息技术的作用，体制机制创新不到位，出现本末倒置的情况

多元主体参与模式具有鲜明的时代特征和独特优势，是经济社会多元化发展及社会组织不断壮大的结果。现代信息技术与公众参与社会公共事务意识的增强是城市治理模式的重要变换点。通过体制机制创新，充分调动社会力量参与城市公共管理服务，形成群体智慧与良性的城市治理生态系统。但多元主体参与只是实现城市治理的重要保障之一，同时宏观城市治理还需要法治、技术等力量的支撑，并通过透明化、法制化、智能化等现代城市治理手段，逐步实现城市治理的智慧化，以适应我国城市管理模式改革的趋势及信息社会的发展形势。

三、城市治理智慧化的内涵及框架体系

（一）国内外城市治理智慧化观点对比分析

20世纪90年代，由于资本主义经济有衰退表现和全球政治格局发生变化，引发西方学者从新的视角尤其是政治和经济学视角来广泛研究资本主义制度下的城市治理问题。其研究内容主要包括城市治理结构、治理主体间的权责配置与关系、城市治理模式及城市治理评价等。随着智慧城市建设热潮的迅速兴起，城市治理智慧化的研究成为焦点，并成为现代城市建设运营的重要组成内容。2007年以维也纳工业大学Rudolf Giffinger教授为首的研究小组开始对欧洲智慧城市发展进行综合评估，智慧治理作为一项重要评估内容，主要强调决策的公众参与、透明化与公共服务等。沃什伯恩将城市智慧治理定义为"使用智能计算技术使城市管理、教育、医疗、公共安全、房地产、交通和公用事业等关键基础设施和服务变得更加智能、互联和高效"。库提特等人认为，城市智慧治理是一种更为积极、开放的治理结构，将城市所有行为体都纳入进来，以应对城市治理的负外部性和路径依赖问题，实现城市社会经济和生态绩效的最大化。

随着我国治理体系和治理能力现代化战略的全面实施，城市治理体系建设受到了高度重视，依法治市、优政善治、智慧治理等理念也不断得到推广，相关规范社会权力运行和维护公共秩序的制度建设得到积极推进。为此，关于城市治理智慧化的理论研究与实践也逐步展开，国脉互联智慧城市研究中心认为，智慧治理是指以智慧城市这个复杂的巨系统为对象，通过感知化、互联化、智能化等方式，以信息资源管理为核心，运用决策、计划、组织、指挥等一系列机制，采用法律、经济、行政、技术等手段，通过政府、市场与社会的开放互动，围绕智慧城市建设、发展与运营的决策引导、规范协调、服务和经营的行为。

中国行政体制改革研究会副会长汪玉凯教授指出，城市智慧治理就是智能化治理加智慧化服务，强调管理与服务同等重要性；聂晓愚提出，在大数据时代，政府要改变管理服务的观念，积极利用大数据，组织社会力量，形成多元协同的社会治理局面；高圆认为，智慧治理是指政府借助现代智能技术，支持变革政府与公民、社会与国家之间及政府内部各部门之间的关系，分散政府权力，创新政府沟通和监管方式，形成高效的现代治理方式。

总体来看，国内外关于城市治理智慧化的研究主要是从智慧城市建设开始的，具有一些共同点：一是治理智慧化是基于智能技术的融合创新，突出城市运行效率；二是强调多元的社会参与，进一步厘清政府职能边界，激发社会其他主体的积极性；三是注重以人为本，实现公共服务能力提升和资源高效利用，城市治理的目的是增加人民的福祉；四是促进经济发展，以更多的资源、更强的能力不断改善城市公共服务，实现城市可持续发展。但针对城市治理智慧化的研究基本上还处于初始阶段，结合城市自身特点的智慧治理模式研究与实践相对还比较少。

（二）城市治理智慧化内涵体系

1. 治理智慧化内涵

当前，雄安新区建设已成为国家战略，习近平总书记重点指出，雄安新区规划建设绿色智慧新城，建成国际一流、绿色、现代、智慧城市，同时提供优质公共服务，建设优质公共设施，创建城市管理新样板等，这不仅是未来城市的发展趋势，也是城市治理模式的发展方向。根据以上研究分析，我们认为城市治理智慧化是指按照创新、协调、绿色、开放、共享发展理念，利用现代信息技术优势，通过感知化、网络化、数据化、智能化等手段，推动公共权力边界调整与"互联网+管理服务"方式创新，打造一种信息互联互通、多元主体协同、政民互动通畅、民生服务精准、公共管理智能的现代城市治理模式，为市民创造一个开放包容、宜居宜业、共治共享、智能高效的城市环境，共同塑造形成智慧、善治、创新、绿色的城市价值观。

从根本上来看，城市治理智慧化是以人为本，充分发挥人的智慧与能动性，主动适应互联网时代的发展趋势，继续完善社会权力运行和维护公共秩序的相关制度与程序，创新治理模式与服务方式，促进城市组织架构优化与城市治理资源的科学分配，推动个体意愿和政府意愿的交流互动，促进城乡社区治理创新，提高决策的准确性和适用性，真正实现城市治理能力的现代化。城市治理智慧化是一项重要的创新课题，具有很强的逻辑关系与时代精神。具体脉络见表5。

表5 城市治理智慧化的逻辑关系与脉络

逻辑关系	具体内容
背景	① 信息社会快速发展，国家亟须推进治理体系和治理能力现代化 ② "城市病"的爆发，带来诸多亟待解决的城镇化问题 ③ 市场经济体制不断完善，公众参与社会公共事务意识不断增强 ④ 民生服务需求趋向个性化、多样化等

续表

逻辑关系	具体内容
基础	① 信息技术的快速发展，为实现个性服务与精准管理提供支撑 ② 智慧城市理论的发展与创新实践经验的积累 ③ 信息资源深度整合，共享经济的快速发展 ④ 服务型政府建设及市民公共管理服务参与意识的不断增强等
根本	以人为本，以现代信息技术为支撑，创新治理模式与服务方式，加强城市治理资源科学分配与利用，推动个体意愿和政府意愿交流互动，提高决策的准确性和适用性，实现城市治理能力的现代化
核心	充分运用现代信息技术，倒逼政府体制机制改革，促进城市组织架构优化，形成高效、可持续的城市管理新模式
价值观	智慧、善治、创新、绿色

2. 治理智慧化模型

根据城市治理智慧化的内涵，按照现代城市特征与治理内容，构建了由内、中、外三部分组成的城市治理智慧化模型，其治理对象包括物理空间与虚拟空间，治理内容包括城市运行、社会保障、生态环境、经济发展四个方面，具体如图1所示。

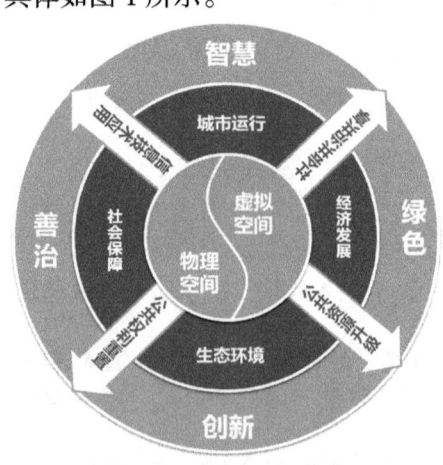

图1 城市治理智慧化模型

内核是指城市治理的对象，即城市物理空间与虚拟空间。对城市的治理不仅仅局限于城市基础设施、交通、环境等方面，也需要加强对网络空间的全方位监管。

中间部分是指具体的城市治理的内容，主要包括城市运行、社会保障、生态环境、经济发展四个方面。通过对现代城市建设运营方方面面的治理，不断提升城市形象与自身品格，共同塑造形成城市精神与核心价值体系。

外层部分是指城市治理智慧化实现路径及价值目标，即通过信息技术应用、公共资源升级、公共权力重置、社会共治共享等方式来促进城市组织优化，形成完善的城市治理体系，实现智慧、创新、善治、绿色的城市价值体系。

3. 治理智慧化特征

随着互联网时代信息技术的广泛应用及商业模式的不断创新，城市治理模式将发生重大变化，城市治理也将呈现感知智能化、管理精准化、服务便捷化、网络空间规范化、参与主体多元化等特征。

（1）感知智能化：通过互联网、物联网及各种智能终端等手段，实现人与人、人与物、物与物之间的互联互通与全面感知，实时掌握城市各方面运行的状态，为实施精准管理与个性服务提供支撑。这是实现城市治理智慧化的重要基础。

（2）管理精准化：通过信息技术应用与依法治市，促进信息共享与城市组织协同，同时改变政府自身条块化的管理服务方式，打破部门与区域间的界限，实现城市治理的一体化与精准化。这不仅是体现城市治理智慧化的关键，也是城市治理智慧化的重要特征。

（3）服务便捷化：通过"互联网+"模式及平台化的共享策略，全面整合服务资源与服务渠道，打造以人为本的智能化政务服务及城市公共服务体系，推动社会共治共享，为市民提供宜居宜业的良好环境，不断增强人民的福祉。这是城市治理智慧化的核心目标。

（4）网络空间规范化：通过不断完善网络空间管理的法律法规及建立网络安全管理机制、舆情监测体系及网络市场管理体系等，推进网络空间的规范化发展。这不仅是城市治理智慧化的重要特征，也是评价现代城市管理水平的重要指标。

（三）城市治理智慧化总体架构

随着我国经济社会逐步进入新常态，城市治理智慧化作为我国城市运行模式转型升级的新要求，有很多城市积极响应并进行示范创新。为了科学推进城市治理智慧化的快速发展，主要根据城市治理智慧化内涵与特征构建了"四横两纵"的总体架构，进一步明确城市治理的主体及主要内容。

1. 治理框架结构

城市治理是一项复杂的系统性工程，按照以人为本的主导思想，大力促进现代信息技术与城市治理的有效融合创新，通过构建"四横两纵"总体架构，如图2所示，四横包括治理主体、基础设施、平台资源、治理内容，其是城市治理智慧化的核心组成部分；两纵包括保障体系与支撑环境。

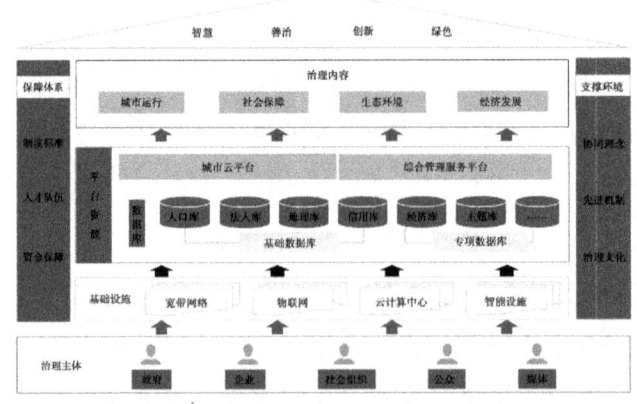

图 2 城市治理智慧化总体架构

（1）治理主体：主要包括政府、企业、社会组织、公众、媒体等。通过治理理念的不断创新，进一步明确各主体的定位与职责，加快构建多层次治理渠道，加强新技术应用与奖励机制建设，充分调动各主体积极性，形成多元主体参与的治理新模式。

（2）基础设施：城市治理离不开智能化的基础设施，主要包括宽带网络、物联网、云计算中心、智能设施等。智能型基础设施全面部署建设为实现城市各层面资源整合、数据共享、互联互通提供支持，为实现城市治理智慧化打下坚实基础。

（3）平台资源：平台资源是城市治理的核心要素及支撑手段，基于城市治理需求，建立统一共享的数据库，搭建城市云平台和综合管理服务平台，通过技术融合创新实现城市管理服务的一体化、智能化，为各项城市治理智慧化提供全面支撑。

（4）治理内容：城市治理是促进城市多元管理、提高政府效能、高效解决社会问题的必然选择，从城市运行、社会保障、生态环境、经济发展等方面进行综合施策，通过机制创新、智能控制、协同管理等措施有效提升治理智慧化水平。

两纵包括保障体系与支撑环境，其中保障体系包括制度标准、人才队伍、资金保障等，这是实现城市治理智慧化的强力支撑，通过建立有效的保障机制，实现治理价值最大化。城市治理需要良好的软环境，通过建立协同的治理理念，推进多元主体参与及共治共享等，为实现城市治理智慧化的发展目标创造良好环境。

2. 治理主体

多元主体参与是现代城市治理的基本要求，也是实现城市治理智慧化的必然选择。现代城市治理亟须加强城市依法治理的力度，重新定位政府、公众、企业、媒体等各参与主体的职责与任务边界，并充分发挥各主体的积极性与创造力，真正形成人人共治、人人共享的城市治理智慧化体系。

（1）政府：政府是多元治理主体中的"掌舵者"，在城市治理中协调宏观管理及各个主体间的矛盾和冲突，并承担着治理合作者、输出者、引领者等角色。首先，政府需要与时俱进，根据社会的发展趋势，实时修改完善相关法律法规，避免过度管控；其次，政府要充分利用信息技术搭建开放公平的协作平台，集聚更多的管理资源，创新治理模式；最后，通过自身改革与廉政优政，带动整个城市组织优化与效率提升。

（2）企业：企业虽然是以营利为目的的经济组织，但企业仍然是最重要的社会责任承担者与维护者，也是政府以外重要的治理主体。随着共享经济的快速发展，大批互联网公司与创新型企业在城市治理中的作用越发凸显，其以营利或公益的形式积极参与城市治理，不断推动城市治理模式的变革，实现技术创新和制度创新，为城市治理提供了新路径。

（3）社会组织：随着经济社会发展水平的不断提升及参与社会治理意识的增强，各种社会团体与民间公益组织快速壮大，并积极参与到社会救助、灾害恢复等城市治理中，且发挥着越来越重要的作用。城市治理需要社会组织根据不同的角色定位来弥补因市场失灵、政府失灵等缺失的公共服务需求，同时政府在法律法规及实际操作层面给予支持。

（4）公众：公众作为城市治理的参与者与受益者，不仅有权利参与城市治理，更是有责任主动参与城市治理。充分利用互联网及各种智能终端，积极参与城市管理、公共服务、社区自治共治及社情民意调查等，发挥人人参与、人人献策、人人监督的价值。另外，通过社区参与、社团工作或作为志愿者来参与治理和提供公共服务。

（5）媒体：媒体作为城市形象传播与社会监督的主力军，尤其随着自媒体及相关社交媒体的快速发展，其在城市治理中的角色越来越重要。加强新媒体的管理与引导，传递正能量，发挥社会监督、互动交流及社情民意调查等作用，同时，基于大数据技术实时了解网络舆情与动态，为城市治理提供决策支持。

3. 治理内容

城市治理以实现和维护市民权利为核心，应发挥多元治理主体的作用，针对城市建设发展中存在的社会问题，提出有针对性的解决方案，实现城市有序和谐发展。

目前，根据我国城镇化发展水平，城市治理重点从城市运行、社会保障、生态环境、经济发展等方面展开，促进城市治理的智慧化发展，不断提升城市影响力与竞争力。

（1）城市运行：安全高效运行是城市治理的重点内容，也是体现城市智慧的关键要素。加快城市基础设施的智能化改造，建成智能管网、智能市政、智能交通、智能电网等一批新型基础设施；加强城市综合管理服务平台与网络安全系统建设，促进城市运行数据共享与开发利用，实现城市管理由粗放向精细、静态向动态、被动向主动的全面转变；加强城市软环境建设，促进城市共同价值的塑造，提升城市品牌影响力。

（2）社会保障：其核心是打造一个宜居宜业、充满活力与幸福感的城市环境，将更加注重以人为本，积极创新服务理念，充分利用信息技术的优势，围绕市民的衣、食、住、行各方面需求，构建广覆盖、差异化、高品质的公共服务体系，提升服务水平与市民福祉。同时，大力推动服务型政府建设，促进政府体制机制创新、权力职责重置、政务服务流程优化、政府数据共享与开放、信息安全管理等，全面提升市民社会保障水平，真正实现城市治理的智慧化。

（3）生态环境：生态环境的建设作为我国城镇化建设过程中亟须重视的最大民生工程，是当前城市治理的核心内容。生态环境直接关系到市民的身体健康与生活质量，需要充分利用新一代信息技术与环保技术，打造全覆盖的环境质量监测系统，加强城市环境绿化、水源保护、大气治理等工程建设，促进智能建筑与节能设施的普及，同时将环境保护纳入政府绩效考核体系，加强生态文明宣传，切实保障生态环境的可持续发展。

（4）经济发展：城市加强治理智慧化建设，需要营造宜商宜业的环境，促进城市的经济发展，为城市发展提供新动能。当前，城市加强经济发展方面的管理，重点需要建立公平的市场竞争与创新创业环境，不断推动新兴产业发展，促进经济转型升级。市场加快打造基于大数据的城市经济监测、金融市场预警、网上市场监管及经济领域信息安全系统等，为企业和公众正常生产、生活创造良好环境。

四、城市治理智慧化的国际探索

（一）美国

美国的数字治理实践路径可追溯至1999年，美国时任副总统戈尔首次提出"IT2"计划①，"IT2"计划的主要内容包括信息技术基础性研究、科学与工程先进计算及社会经济和人才培养，其中，在社会经济和人才培养方面，该计划提出要重点研究如何让信息技术发挥更大的作用（促进信息技术在社会经济生活中的应用）；如何避免滥用信息技术（如数据安全保密技术）、知识、价值及社会系统对信息传播产生影响等内容。由此可知，美国其实在20年前就已前瞻性地预见了信息技术对社会、组织及个人产生的影响与价值，并极富远见地对未来的风险与陷阱进行了预警。戈尔不仅首倡了美国未来的信息技术战略，同时他是"数字地球"的提出者，数字治理领域的"数字国家""数字政府"均来自"数字地球"。

---

① IT2：21世纪的信息，技术对美国未来的一项大胆投资（Information Technology for the Twenty-First Century: A Bold Investment in America's Future）。

在"IT2"计划发布的20年后,美国特朗普政府在奥巴马政府的基础上发布了《人工智能战略:2019年更新版》,特别提出开发能够补充和增强人类能力的人工智能系统,并日益关注未来的工作;处理人工智能的伦理、法律和社会影响;建立健康的和可信任的人工智能系统;支持人工智能技术标准和相关工具的开发等战略方向。因此,如果说20年前的"IT2"计划是美国政府面向互联网时代的战略准备,那么《人工智能战略:2019年更新版》则是美国政府面向智能时代的治理纲领。

除了从顶层设计入手捕捉、规范和矫正数字治理的目标与方向之外,美国各州、各城市也在不断地利用司法手段保护和维系被数字技术不断突破与撕裂的社会共识和公共价值,不断面向突出的社会问题进行城市数字治理的创新尝试,并在更大范围内邀请私营企业、社会组织积极参与城市数字治理的生态建设。

1. 城市法律与数字治理的边界

在信息时代曙光初露的时候,个人信息保护就作为一项短期无法判断价值,但长期来看却"至关重要"的工作出现在美国政府部门的治理视野中。自20世纪六七十年代以来,美国就在积极推进个人信息保护相关法律的制定,如1966年的《信息自由法》、1970年的《公平信用报告法》、1974年的《隐私权法》、1988年的《录像带隐私保护法案》和1998年的《儿童网上隐私保护法案》。这些法律的影响随着信息时代的不断发展而逐步扩展到美国数字经济竞争与国家治理选择中。一方面,在白热化的全球互联网竞争中,严格的个人信息保护制度的执行在某种程度上限制了美国企业对创新商业模式的想象力;另一方面,信息技术的发展日新月异,立法的滞后使数字平台在创新裂变过程中出现了法律盲点,有些问题无法得到及时解决,比如剑桥分析公司在特朗普竞选总统期间通过脸书获取用户数据。

由于美国政府与各州及各城市政府并不是隶属关系,虽然美国政府在立法方面保持谨慎态度，但各州及各城市政府面对数字治理的新动向已跃跃欲试。2019年4月，旧金山政府通过了对《停止秘密监视条例》（Stop Secret Surveillance Ordinance）的部分修订，旧金山成为美国第一个禁止政府机构使用人脸识别技术的城市。2019年6月27日，萨默维尔市议会以11票赞成、0票反对的结果，通过了《人脸监控全面禁止条例》（Face Surveillance Full Ban Ordinance），萨默维尔市成为美国第二个禁止市政机构使用人脸识别技术的城市。2019年7月16日，奥克兰市通过了禁止市政机构使用人脸识别技术的法令，成为美国第三个禁止市政机构使用人脸识别技术的城市。旧金山政府在修订后的《停止秘密监视条例》中强调：人脸识别技术侵害公民权利和公民自由的可能性大大超过了其声称的好处；这项技术将加剧种族不公正，并且威胁到我们的生活受政府持续监视。美国的城市在数字治理过程中的表现，究其原因，一是公民社会的成熟使市民意见在城市运行的过程中享有极高的地位，而当数字技术与个人权利发生冲突时，这种意见更为鲜明；二是城市治理涉及的种族问题一直是美国城市公共服务无法绕过的问题，进而产生"形式公正"高于"事实安全"的城市治理幻象。

对于商业网络平台而言，个人信息是一种盈利模式；对于城市公共部门而言，个人信息是一种治理资源；对于公众和企业而言，个人信息是一种权利；而对于不法分子而言，个人信息则是一种武器。由于数据流动的范围、速度逐步扩展、提升，数据采集和应用的手段与方式也在不断优化，对于个人信息的定义也处于动态变化中，这为城市治理带来了更为严峻的挑战。事实上，在2017年，纽约市议会就一致通过了一项算法问责法案以解决算法歧视问题，这是美国首次对算法制定措施。纽约市围绕这项法案成立了一个专项工作组，研究市政机构如何使用算法做出影响纽约市民生活的决策，以及这些算法是否对人有年龄、种族、宗教、性别、性取向或国籍方面的歧视。专项工作组的报告也探讨了如何使这些决策的制定过程变得易于公众理解。在数据与算法驱动城市发展的当下，如何围绕城市数字治理构建一个更为开放、透明的协作机制，或许是所有城市都需要考虑的焦点问题。

2. 城市技术的价值及其角色演化

LinkNYC（"连通纽约"）是纽约市于2014年启动的免费高速无线网络计划，该计划将街边的旧电话亭改造成能够将整个城市与免费高速无线网络服务连接起来的通信枢纽，为市民提供免费无线网络、手机充电和应急电话等服务。2016年，LinkNYC布局了世界上规模最大和速度最快的城市无线网络。从城市治理层面来看，LinkNYC曾引发了两件值得关注的事件：一是由于太多无家可归者利用LinkNYC的电话亭中的平板电脑浏览网站，有的甚至浏览色情、凶杀等非法网站，LinkNYC最终于2016年下半年关闭了互联网访问权限。二是在"乔治·弗洛伊德事件"[①]后，LinkNYC在2020年6月2日开始显示因警察暴行丧生的人的名字，其中包括乔治·弗洛伊德、布雷娜·泰勒等近30人的名字。由此可见，LinkNYC不再只是一种数字基础设施，它开始在公共领域扮演一种唤醒城市精神与社会良知的数字媒介。数字基础设施在推动实现城市数字公平的同时，也可能因为"使用行为"的不可控而走向相反的方向。

纽约市的城市服务统一热线NYC311（纽约市政热线311）创立于2003年，在纽约的城市治理过程中扮演着举足轻重的角色，其初衷是在大城市打造小城镇的人情味。NYC311将热线服务与在线服务结合得异常紧密。NYC311为纽约市民提供反映街灯故障、涂鸦或超时施工等问题的途径，帮助他们参与改善切身生活的过程。在2020年新冠肺炎疫情爆发后，NYC311的在线平台收到了十万余条有关新冠肺炎病毒的查询信息。NYC311官网首页不仅提供涉及市民生活、出行、工作、健康等

[①] 2020年5月25日，以德雷克·肖万为首的4名美国警察暴力执法致乔治·弗洛伊德死亡的事件。

的信息咨询服务,还通过对在线搜索量、电话咨询量进行分析,筛选出热门问题和咨询内容提供给用户。

2012年2月29日,纽约市正式通过《开放数据法案》,它是美国历史上首次将政府数据大规模开放并纳入立法。2013年,纽约市提出数据驱动的城市服务目标。纽约市建立了城市级数据开放平台,该平台可提供数以千计的可公开下载的数据类型。纽约市政府专门在政府官网设立了OPEN FOIL NY("纽约公共记录查询")的申请入口,为鼓励市民查看和使用政府数据,市民和企业可针对自身生活和发展的数据需求,通过该入口向50多个纽约市的城市政府部门与公共服务机构提出数据开放请求。纽约市的政府公共数据开放不仅为普通公民带来了数字福利,也由此产生了大量的数据分析和应用开发的网站和创新团队,大量高科技人才和企业对政府公开的数据进行利用和研发,创新前沿科技应用,创造出巨大的商业价值,充分展现了海量政府公共数据的服务能力。目前,纽约市通过政府公共数据设计和开发的城市服务App已达21款,涉及交通、犯罪、健康、应急等领域。

政策与实践专栏
纽约市《自动化决策特别工作组法》

纽约市是全球率先推进算法赋能城市社会治理的城市,其实施路径、经验及遭遇的问题正成为人工智能时代全球城市发展的实验与样板。在公共校车的路线规划、房屋质量检测、再犯罪风险预估、儿童福利制度、预测性警务等领域,政府部门逐渐使用并依赖算法的自动化决策。算法的自动化决策成为公共资源分配与社会治理的主角,切实影响着近900万纽约市民的日常生活。

2017年12月11日,纽约市议会通过一部《关于政府机构使用自动化决策系统的当地法》,监管的矛头直指法院、警方等政府机构使用的自动化决策系统。有研究表明,算法在这些活动中的使用存在着严重的歧视问题,尤其是对黑色人种的歧视。因此,对政府机构使用的算法进行监管和规制的呼声日渐增多。该立法明确要求纽约市成立一个自动化决策工作组,以实现一系列规制目的,其中包括明确界定需要受到规制的政府机构自动化决策系统、制订判断是否存在算法歧视的程序等。2018年1月17日,纽约市的"1696提案"——《自动化决策特别工作组法》(Auto Decision System Task Force Law)正式出台。随后,纽约市市长组建算法特别工作组,展开了算法监管行动,监管目标为政府使用的各种算法。2019年11月,纽约市政府发布了《纽约市自动决策系统特别工作组报告》,该报告回避了对"算法歧视"的相关回应与评价,提出了"要求政府制定公开披露部分信息的协议""呼吁开展更多以基于算法的系统为内容的公众教育"等建议。

截至2020年1月,算法特别工作组尚无法获取纽约市政府使用的算法自动化决策系统的基本信息。由于缺乏获得基本信息的途径,对于没有法律授权的算法特别工作组而言,获取采购花费、共享数据量等相关信息只能依靠机构和开发商的自愿披露,其监督职能难以实现。

除纽约市外,波士顿、芝加哥等城市也通过数字技术提高了城市治理的体验与效率。冬天的波士顿街道经常被厚厚的积雪覆盖,2018年1月,波士顿新城区办公室发布了一款名为"领养消防栓"的应用,该应用在地图上标注了全市13 000个消防栓的位置,市民可以申请"领养"一个或多个消防栓,并承诺在大雪天将自己"领养"的消防栓从积雪中挖出来。完成"领养"手续后,市民会在消防栓被雪覆盖时收到通知。当消防栓附近社区发生火灾时,城市消防部门可以减少寻找消防栓的时间,就近取水,及时扑灭大火。芝加哥则推出了"领养人行道"的应用,市民可以在大雪天为自己"领养"的人行道清除积雪,以提升城市交通的通行效率,减少交通事故的发生。以游戏化的"领养"场景入手,波士顿与芝加哥通过线上线下结合的方式,以"开放数据+移动平台"为途径,推动市民主动介入城市治理的具体事务。

在敏感而棘手的城市社会事件中，数字技术将扮演怎样的角色？美国不仅允许公民合法持枪，还允许警察在遇到危险时自主判断是否开枪，这就导致有时警察执法过当或故意杀人，从而引发城市骚乱。如何规避历史惨案发生并进一步推动警察执法透明化是城市治理对策一项重要任务，美国科技媒体ArsTechnica报道，Yardarm是加利福尼亚州一家研发武器技术的创业公司，该公司研发了一套面向军队、警察、安保及私营军事公司的智能枪支"云"管理系统。Yardarm的研发团队在手枪的握把内部、弹匣后方的空间里加入了一块包含电池、GPS（全球定位系统）、击发传感器等多种元件的芯片，该芯片通过蓝牙与持枪者的智能手机连接在一起，从而使手机成为数据上传的中继器。手枪的实时信息会出现在Yardarm开发的Real-Time Crime Centers（RTCC，实时犯罪中心）云管理系统中。通过RTCC，监控者可以查看手枪的位置、手枪内是否有弹匣、手枪是否和警员分开，以及大致的射击方向。也就是说，通过"枪联网"与"枪支云"，Yardarm研发的"云"管理系统取代了执法记录仪等传统系统和设备，更为精准、透明、实时地记录执法现场的每个细节。当警察的执法过程出现争议时，人们可以从云端调取实时数据以回放现场，为社会争议提供证据素材。

数字技术与数据要素不仅在城市治理过程中扮演着辅助工具与干预手段的角色，也在一些极具争议的领域充当着创新驱动的引领者，通过全新的解决思路介入城市治理的具体场景，并围绕市民需求与城市利益，构建轻盈而高效的城市治理新模式。

"清除我的记录"（Clear My Record）是一个人工智能自动程序，它主要应用于清除曾经非法但现已合法化的个人犯罪记录。2016年，美国公民技术非营利组织Code for America（美国代码，公司名）推出了这个项目，为寻求记录清除的人提供个人服务。此前，由于旧程序的复杂、昂贵和耗时，在数千万美国人中，只有一小部分人清除他们的犯罪记录。2016—2018年，想要在旧金山清除犯罪记录的人，无须亲自前往公设辩护律师的办公室，只需要在手机上花 8 分钟填写一份在线表格，就可以开始犯罪记录的清除过程。"清除我的记录"自推出以来，已使成千上万的人员受益，为他们重新参与社会和经济活动打开了大门。

2018 年，Code for America 认为，尽管有这项服务，但创纪录的通关负担仍落在了个人身上，而不是政府身上。即使个人提交了申请，地方政府也没有能力及时地处理这些申请。为了实现大规模的记录清除，Code for America 在 2018 年 5 月开发了 Clear My Record（自动）。Code for America 与加利福尼亚州几家县地方检察官办公室合作，后者批准 Code for America 访问有犯罪记录的个人数据。因此，Code for America 能够区分适用自动规则的条件和需要进行个人审查的合规性因素，生成一份符合删除清除犯罪记录资格的个人名单。Clear My Record 基于数据、算法与人工智能技术，在社会治理过程中充当了一种新型角色——从社会问题的纠正与规范工具转变为社会裂痕的弥合和抚慰工具。

（二） 欧洲

为了打破欧盟境内的数字市场壁垒，欧盟委员会于 2015 年 5 月 6 日公布了《数字单一市场战略（Digital Single Market）》，其详细地规划了数字单一市场的"三大支柱"[①]。第一大支柱是为个人和企业提供更好的数字产品和服务，包括出台相关措施促进跨境电子商务发展；保障消费者权益；提供速度更快、价格更实惠的包裹递送服务；打破地域界限，改变同种商品不同成员国不同价的现状；改革版权保护法；推动提供跨境电视服务。第二大支柱是创造有利于数字网络和服务繁荣发展的环境，包括全面改革欧盟在电信领域的规章制度；重新审查视听媒体组织框架以适应时代需求；全方位分析评估搜索引擎、社交媒体、应用商店等在

---

① 资料来源：董一凡、李超，欧盟《数字单一市场战略》解读，《国际研究参考》2016 年 3 期。

线平台的作用；加强数字化服务领域的安全管理。第三大支柱是最大化激发数字经济的增长潜力，包括提出"欧洲数据自由流动计划"，推动在欧盟范围内的数据资源自由流动；在电子医疗、交通规划等对单一数字市场发展至关重要的领域，推动建立统一标准和互通功能；建成一个包容的数字化社会，使民众能抓住互联网发展带来的机遇和就业机会。《数字单一市场战略》对数字时代的个人与企业服务、数字空间的环境营造与监管，以及数字经济增长等进行了全面设计与规划，为抵御全球化数字治理环境演化的侵蚀、保护和提振欧盟提供了一个整体的数字增长动力。

2018年5月25日正式生效的《通用数据保护条例(General Data Protection Regulation)》(以下简称《条例》)被称为欧盟"史上最严"的条例，其前身是欧盟在1995年制定的《计算机数据保护法》。在《条例》生效的当日，谷歌、脸书就分别收到了欧盟39亿欧元、37亿欧元罚款的诉讼。《条例》生效后，芝加哥时报、洛杉矶时报等多家美国媒体的网站在欧洲的服务器陆续关停。微信海外版、新浪微博国际版等多家互联网企业针对欧洲地区用户更新隐私政策，请求重新授权。《条例》可能是互联网发展史上面向个人隐私数据的一项分水岭式的条例，不仅是数字空间层面向个人和企业的数据规制，其对城市、国家、产业的影响也不可估量。《条例》将个人数据指向的自然人设定为数据主体，并明确数据主体享有许可权、访问权、纠正权、限制处理权、反对权、可携权、被遗忘权和告知权八大权利。《条例》发布后，在全球的政经界、学界、产业界掀起了广泛讨论，主要观点分为两方：一方认为，过于严苛的《条例》将重塑数字经济的发展秩序与商业模式，对部分全球化发展迅速的平台企业将是一次制约和打击；另一方认为，在泛滥于网络空间的灰产、黑产肆虐的形势下，通过严格的个人隐私数据保护限制一些灰色商业模式对个人权利的侵蚀，有益于全球数字化转型的长期健康发展。

政策与实践专栏
欧盟《通用数据保护条例》

2016年4月14日,欧洲议会投票通过了商讨4年之久的《通用数据保护条例》(以下简称《条例》),《条例》共204页,包括91项条文,于2018年5月25日正式生效。《条例》的通过意味着欧盟对个人信息的保护及监管达到了前所未有的高度。

《条例》规定违法企业最高可面临2000万欧元或其全球营业额4%的罚款,以高者为准。网站经营者必须事先向用户说明会自动记录用户的搜索和购物信息,并获得用户的同意,否则欧盟将按"未告知记录用户行为"对网站经营者进行违法处理。企业不能使用模糊、难以理解的语言或冗长的隐私政策从用户处获取数据使用许可。另外,《条例》明文规定了用户的"被遗忘权"(Right to Be Forgotten),即用户个人可以要求责任方删除关于自己的数据记录。

《条例》明确规定了受保护的隐私数据类型,包括基本的个人信息,如姓名、地址、身份证号、网络数据、位置、IP地址、Cookie数据、RFID标签、医疗保健和遗传数据、生物识别数据、指纹、虹膜、种族或民族数据、政治观点、性取向等。

《条例》的实施使欧盟境内的企业受到空前影响,其中包括在欧盟境内拥有业务,或在欧盟境内没有业务但存储或处理过欧盟公民的个人信息企业;员工超过250名或员工少于250名,但是其数据处理方式影响数据主体的权利和隐私的企业;拥有某些敏感类型的个人数据的企业;等等。苹果、谷歌、脸书等全球互联网巨头在《条例》实施后,先后因为反垄断、数据隐私及广告纠纷等问题而面临巨额罚款。

欧盟委员会发布的《欧盟数字经济和社会指数报告(2020)》显示,2019年,欧盟成员国中,67%需要向政府提交表格的欧盟公民在线上完成表格提交,相比2018年64%的数据有所增长。而2013年以来,数字政务用户数量从41%增加到67%,上升了26个百分点。过去3年,市民在网上获得公共服务的得分上升了 4.2 分，达到 88.5 分，网上公共服务范围扩大。此外，可用性提高了 3 分，达到 91.4 分。欧盟国家公共部门的服务在移动友好性上正变得更好，允许用户随时随地查找信息并获得服务。自 2017 年以来，手机友好度显著进步，提高了 15.5 分。该报告将证照和材料的电子化视为公民接受在线服务的"关键促成因素"，在电子证照使用方面，2019 年欧盟国家的电子身份认证指数为 61（总数为 100）；电子文件指数为 71；真实的资料来源指数为 59.4；电子邮件指数为 72.6。因此，证照的电子化已经取得了显著进展，尤其是在数字邮政的普及方面。自 2017 年以来，关键促成因素的使用累计增长了 10.4。在此期间，电子身份认证增加了 8.5，电子文件增加了 7.9，真实资料来源增加了 5.9。自 2017 年以来，电子邮件的增幅最大达到了 19.3。

1. 共创智慧城市实验

伦敦市政府于 2018 年 6 月提出《共创智慧伦敦路线图》，设计了五大发展使命：一是开发更多用户导向型的服务，以数字包容、公民创新、公民平台等服务，促进用户成为智慧伦敦建设的主体；二是针对城市数据使用达成新的协议，通过设立伦敦数据分析办公室推动数据开放共享，加强数据权利保护与问责制，以提高公共数据使用的公众信任；三是打造世界一流的连接性和更智能的街道，启动伦敦互联计划，确保光纤到位、无线网络覆盖及 5G 集成开发；四是增强公众的数字技能和领导力，从早期教育开始就对人们的数据分析能力和实际操作能力进行培养，建立数字化人才通道；五是促进全市范围内的合作，在伦敦技术与创新办公室的领导下推进跨领域、跨部门、跨城市的合作。为推进该路线图的顺利发展，伦敦市政厅还通过个名为 Trello（拥有看板、卡片和清单供能的应用软件）的协作平台，该平台以信息报告卡的方式，实时通报和展示《共创智慧伦敦路线图》涉及的各项任务、工程的进展情况，对每个时间节点、任务细节、工作内容、未完成的原因等进行全面展示。这不仅可以通过开放、透明形成对执行部门的督促与监管，也便于公众进行查阅和参与。由此可见，智慧伦敦的建设与发展始终将市民参与的"共创"作为非常重要的因素。

不仅如此，在智慧城市的组织建设方面，2019年，大伦敦政府（行政上包含伦敦金融城与32个伦敦自治市）与伦敦市议会成立了作为33个地方政府之间的协作平台和工具的伦敦技术与创新办公室（LOTI），LOTI最初的扶持项目包括四类：一是数字学徒，即以数字学徒模式提升伦敦的数字技能基础，确保所有伦敦人都能从技术就业的增长中受益；二是修复管道，即通过LocalGov数字平台（当地政府数字平台），为所有项目提供单一的在线资源，打造开放的协作共享平台；三是信息共享框架，即建立自治市之间安全的数据共享框架，允许创新项目使用数据应对社会和公共服务挑战；四是开发伦敦数据存储，以提高公民、公共机构和私营部门的信任度、透明度，并加强协作。此外，伦敦市还将把Talk London（"伦敦说"）平台打造成伦敦市民参与智慧伦敦建设的重要界面。Talk London是一个在线社区，口号为"Your city, Your say"（"你的城市，你来访"），目前已经吸引了57 739位伦敦市民的加入，人们主要讨论住房、环境、交通、安全、工作等话题。智慧伦敦团队通过收集公众意见帮助和指导未来伦敦城市发展的规划与决策。

政策与实践专栏
伦敦技术与创新办公室（LOTI）

LOTI的使命是为公民、社区和企业的利益培养"激进而有效的想法"，其使命宣言草案显示："我们将与核心成员建立共享能力，以提高伦敦的实验能力，合作进行数字和数据创新，并扩展伦敦公共服务的应用范围。我们的目标是帮助所有伦敦地方当局在首都引领、促进、学习和复制数字创新"。LOTI认为，到2040年，伦敦的人口将增加200万人。为满足公民的需求和期望，伦敦的公共服务必须为未来的技术发展做好准备。但要做到这一点，LOTI认为必须考虑"一个城市到底需要什么"。对智慧伦敦建设而言，LOTI 的实际意义在于通过政府间的横向协作，以共享数据与开放能力的方式，实现智慧城市建设的战略统一、资源集约与创新自主，打造可复制、可复用的未来城市服务与产品。

LOTI 最初设立在伦敦市议会，并通过大伦敦政府和伦敦市议会的拨款资金，以及注册为"核心成员"的自治市镇为期3年的会员费进行运作。这些资金主要用于在伦敦市议会内建立一个小型的专门团队，以及能力建设和特殊项目。

除了在战略层面、组织层面进行城市治理模式优化，伦敦市还积极采用数字技术对城市空间与居住环境进行改造。伦敦生活实验室（London Living Lab）是智慧伦敦的建设实验之一。该项目通过传感器网络部署，选取了海德公园、布里克斯顿和恩菲尔德3个地点作为实验地点，将数据科学与设计科学相结合，通过对土壤、空气、水质、噪声和光污染及公众参与的监测获取分析数据，科学评估区域内的发展情况，以了解官员、公共服务部门、市民、游客等多个利益主体参与的各种应用场景，为改善区域的生活环境提供建议。

2. 城市治理工具"开源"

"开源"首先会让人联想到网络极客、GitHub（一个开源项目托管平台）、维基百科等关键词，"开源"是通过集聚全球互联网工程师的智慧与贡献，实现互联网研发创新的一种协作模式。通过巴塞罗那与爱沙尼亚的实践经验，我们可以看到，"开源"正在成为一种数字治理时代的创新风尚。互联网工程师们将涉及自身城市治理的平台、系统源代码积极发布到 GitHub，供全球城市数字治理工作者共享。

时任巴塞罗那首席技术官 Francesca Bria 在 2018 年提出"数据是巴塞罗那智慧城市的核心"。她鼓励市民分享他们的信息，认为这与部署医疗、教育和交通等方面的技术同等重要，它们都有利于实现智慧城市计划。她还提出，智慧城市不只是一个关乎建筑结构与新技术的问题，政府必须建立一个可持续的经济体系，让每个市民都享受到智慧城市的成果。巴塞罗那市议会发布的《巴塞罗那数字城市2017—2020》强调了"数据驱动技术来改善政府工作、促进创新型经济发展和确保数字公平"的战略，这个战略有三个重点：数字化转型、数字创新和数字赋权。

在数字化转型方面，巴塞罗那主要关注科技如何提升和改善政府的运作效率和透明度；数字基础设施如何解决住房、失业、社会排斥、健康、能源和交通等方面的重要城市问题；数据资源如何实现开放和规范管理。巴塞罗那开发了跨平台技术、开放数据平台和开源网络应用程序等系列应用。例如，由欧盟"地平线2020"赞助的区块链项目DECODE，主要探索如何建立以数据为中心的数字经济。DECODE提供工具让公民个人控制自己的数据，决定是否将个人信息保密或开放共享。其中，由公民、物联网和传感器生成和采集的数据可用于更广泛的社区范围，并具有适当的隐私保护作用。

在数字创新方面，巴塞罗那主要关注如何通过服务、规划、活动与基础设施推动数字经济发展，为城市的技术经济和数字生态系统的发展作出贡献；利用巴塞罗那工业4.0中心，建立一个围绕协作经济、循环经济、共享经济等的数字创客网络；通过巴塞罗那人居基金会推进"BIT Habitat-i.lab"计划，为城市和市民应对新挑战提供最合适的解决方案。"BIT Habitat-i.lab"计划的目标是负责任地使用数据和技术，使从该计划中受益的市民和企业的数量最大化。

在数字赋权方面，巴塞罗那提出通过数字教育与培训、数字包容、数字民主、数字权利提升市民的数字化操作能力，通过填平数字鸿沟提高市民对城市决策的参与能力。Decidim.Barcelona是一个帮助公民实现参与式民主的开源平台，让公民通过咨询建议、参与在线辩论、跟进提案等方式参与政府政策法规的制定过程以实现数字民主。到目前为止，大约有40 000名巴塞罗那居民参加了在线咨询，巴塞罗那市政府共收到当地居民提出的10 860个建议，其中8 142个建议被纳入相关行动计划。

巴塞罗那市政府目前已有超过70%的提案直接来自公民的意见和建议。此外，巴塞罗那专门开发了全新的城市数据基础设施，主要包括三个部分：一是建立一个名为"Sentilo"的开源数据采集和传感平台，以采集和汇总整个城市的物联感知设备数据；二是建设一个名为"CityOS"的开源数据分析平台，进行城市运行数据的大数据分析，并向社会开放数据接口；三是开发一个面向用户端的应用程序，让市民便捷地访问所有数据。巴塞罗那开发的所有平台与应用都是开源的，所有代码均已在线上发布。

从数据开放到代码开源是数字时代城市治理的一种趋势，数据开放可以改善城市治理与市民服务体验，而代码开源则可以吸引全球创新力量，二者共同为城市治理寻找适合的解决方案，以面对后全球化时代城市数字化转型带来的巨大不确定性。数据驱动的城市发展战略与治理框架不再只是一份来自市政厅或市议会的决策议程，而正在成为一个融合城市决策重塑、城市服务体验再造、城市产业发展创新与社会公平赋能多重关系的平台，在这个平台上，每个城市治理的主体与对象都在进行重新定位。

3. 数字经济对城市治理的反哺

数字技术已不只是从工具与手段层面提升城市治理水平，诞生于数字经济领域的商业创新模式也正在重构城市治理流程与重塑数字治理理念。例如，德国汉堡发起了"寻找住所"项目，以解决城市涌入的难民居所问题。"寻找住所"项目利用"人机交互"城市建模和仿真平台，结合光学标记的彩色编码乐高积木、增强现实技术、触摸反馈和地理模拟算法，拟，并允许用户与不同的模拟场景进行交互，其目标是"使复杂的城市问题对不同的受众具有可访问性和可触摸性"。"人机交互"的城市建模和仿真平台可以将难民居所投放在一个指定街区，然后通过算法模拟出街区及周边的公共设施、水电供应、社区安全等问题，进而为难民营的设置提供评估数据。"寻找住所"不仅是一个利用新技术推进数字治理的优秀样本，同时创新了市民参与公共决策讨论的方式与体验。

在缺乏高层建筑、城市租赁成本相对较高的背景下，为提升政府办公空间的使用效率，解决城市密集性的问题，阿姆斯特丹市开展了一项试点计划，允许民间社会组织进入政府建筑中未得到充分利用的办公室，从而在城市建筑中引入了爱彼迎型空间共享模式。尽管市政府不得不支付供暖、电力和安全等沉没成本，但在发现许多办公室闲置后，市政府仍发起了这个项目。基于这个创新项目，阿姆斯特丹市还希望将共享模式从租房扩展到市政车辆和工具。

促使阿姆斯特丹市推进政府办公空间共享这个项目的另一个关键因素是阿姆斯特丹市的共享经济发展正在产生变化，这对居民和游客的生活体验产生了重大影响。作为一个超受爱彼迎用户欢迎的目的地，阿姆斯特丹市拥有2.5万间出租房，在鼓励、尊重社区的文化和历史完整性的基础上，阿姆斯特丹市开始对出租房执行严格的规定。2018—2019年，阿姆斯特丹市政府将爱彼迎出租房的租期限制在每年60天减半至30天。共享经济和平台经济的性质正在迅速变化，地方政府必须在不阻碍潜在的地方经济增长的前提下，以促进地方利益的方式响应社区需求。而开放政府的办公空间被视为弥合和缓解共享经济管制规定的方式之一。

（三）亚洲

近十年来，在智慧城市的发展浪潮中，亚洲城市的数字治理呈现多样性的特征，不同国家的政治制度、文化传统、经济基础、发展阶段不同，随之诞生的治理创新案例与亮点也不同。从城市的战略推进热度上来看，相比欧美城市，亚洲城市在智慧城市与数字治理方面显得更为积极甚至超前，比如日本从20世纪90年代的"U-Japan"战略一直到当下的"Society5.0"战略，就是从信息基础设施起步，持续到当前面向国家和城市全面数字化的战略行动。再如，韩国一开始的"U-Korea""政府3.0"，再到"数字强国"；松岛的智慧新城模式到江南西的智慧城区，再到首尔的"市民即市长"的数字治理实验，始终保持着从国家到城市自上而下的治理革新。同时，印度、印度尼西亚、泰国、越南等国家也未放弃对智慧城市发展的追求，但由于政治体制局限、种族问题、数字基础设施滞后以及人口基数及市场创新氛围不足以支撑本土化的大型互联网企业，这些国家缺乏在数字治理层面向社会民间力量寻求创新养分与促进互动的基础。同时，政府公务人员与公民的智能手机拥有率较低、无线宽带网络覆盖率较低，人们在线生活的数字素养不足，也限制了基于数字技术的治理创新的延伸与应用。

当然，我们仍然可以从亚洲看到未来数字治理转型的希望。迪拜积极推进的"未来城市"建设，以机器人警察、无人机出租车等天马行空的未来数字技术实验的方式，呈现全新的思考维度。新加坡作为一个典型的城市国家，一直被视为智慧城市建设的"模范生"，其智慧国家的建设历程也体现出未来城市治理的基本轨迹。

1. "城市国家"的智慧治理选择

新加坡在亚洲国家中的地位特殊而重要，它不仅在经济发展上成为中国改革开放学习借鉴的对象，其在政务服务、城市治理、行业监管等领域也时常成为中国发展较快城市学习的榜样。

新加坡的智慧城市发展可以分为5个阶段。1980年，新加坡提出"国家电脑化计划（National Computerisation Plan）"，拟在新加坡的政府、企业、商业、工厂等领域推广电脑应用。1992年，新加坡提出"IT2000"智慧岛计划，计划将信息技术普及到所有领域，在地区和全球范围内建立联系更密切的电子社会，将新加坡建成"智慧岛"和全球性信息技术中心。2000年，新加坡提出"信息通信21世纪计划

（Infocom21）"，将信息科技深植于国家经济和社会，实现到2005年成为网络时代的"一流经济体"的目标。2006年，新加坡推出为期10年的"智能城市"发展蓝图，将新加坡建设成一个以资讯通信驱动的智能化国度和全球化都市。较早地投入智慧城市建设让新加坡的智慧城市发展经验与产品得以在亚洲其他国家和城市传播。2014年，新加坡推出"智慧国"战略，利用网络、数据和信息通信技术的力量，改善生活、创造经济机会，并建立联系更紧密的社区。

从新加坡的智慧城市发展历程来看，从信息基础设施的升级，到聚焦全社会的数字化转型，通过数字治理赋能、反哺和驱动生活、经济及变革创新，其战略与日本、韩国并无区别。其实，在2014年，新加坡政府已经有近98%的公共服务是通过在线方式提供的，这让民众可以得到"一站式"服务。2015年，无论是互联网的接入率还是智能手机的普及率，新加坡都处于全球领先位置。87%的家庭接入互联网，72%的国民是互联网用户，86%的企业接入宽带网络，而50人以上的大中型企业占比更是达到100%。

基于物联网、云计算、大数据、人工智能等数字技术对城市发展的推动与影响，新加坡把"智慧国"的建设分成了"连接""收集"和"理解"3个阶段，通过建立一个安全、高速、经济且具有扩展性的全国通信基础设施，获取海量的实时数据，分析和预测民众的需求、提供更好的服务。换句话说，在保证信息安全的前提下，科技让城市的规划更加系统、更具理性，从而让政府机构对公共资源的利用更加高效。

由于受地缘特征、政治背景、国民构成与国家历史等多因素的影响，新加坡应该是全球少有的在数字时代并未掉队，并且持续引领智慧城市发展的"城市国家"。而让新加坡最先在全球数字治理视野中崭露头角的是新加坡为不同人群设计的政府门户网站，这在整个桌面互联网时代被视为一种面向公民的"定制化服务"。进入移动互联网时代以后，新加坡在数字治理领域的创新声音在逐渐减弱，在人工智能、区块链等数字技术的使用上并无突破性进展，在针对个人隐私保护、数据应用立法等方面的探索也无突出表现。

2. 以市民为核心的城市治理价值观

韩国首尔的城市数字化转型主要分为5个阶段：第一阶段（1990—1999年），初步建立以信息技术为基础设施的计算机化阶段；第二阶段（1999—2007年），主要建立发展路线图，并推动城市服务与信息的实时连接；第三阶段（2007—2011年），以"U-Seoul"计划为标志，应对移动互联网冲击，强调公共参与和共享的Web2.0；第四阶段（2011—2015年），是智慧政府阶段，以推动公众参与开放政府为目标，通过推进"智能首尔2015年计划"，整合在线和无线基础设施，为市民提供定制服务，并利用大数据和数据开放推动公共数据应用；第五阶段（2016—2020年），通过"全球数字首尔2020计划"，确保在高度互联的数字时代的全球领先地位，改善和提升市民福祉。

《首尔电子政务手册（2016）》显示，首尔市政府的职责是组织处理所有市政府公共服务的信息系统，建立连接32个相关组织的电信网络，并建立一个由首席信息官（CIO）领导的数字政府推广小组。首尔市政府为相关城市管理安排了614种信息系统，推进综合公共服务建设，覆盖住房、环境、文旅、健康、交通、基建、税务等领域，为成人、残疾人、妇幼、商务人士等不同主体提供全方位服务。

对首尔而言，从"U-City"到"Smart City"的发展转变过程体现出了4个方面的差异。第一，在建设模式方面，前者推行的是"中央政府+地方开发公司"的模式，后者采用的是4P模式：Public（公共）、Private（私人）、People（人们）、Partnership（伙伴关系），通过政府、企业、市民三者之间的合作，实现自上而下与自下而上并行的建设推进方式。第二，在技术应用方面，前者主要侧重独立的信息系统建设，无法共享数据，后者强调系统与系统之间的数据共享与开放。第三，在建设重点方面，前者主要关注新城的开发与建设，注重城市发展的"增量"部分，后者关注解决城市当前的问题，比如交通拥堵。第四，在发展领域方面，前者关注运输、安全、城市灾难管控，后者更关注环境、治理、教育、就业等城市民生服务。

首尔市政府于2017年12月发布了《全球首尔智慧城市：首尔电子政府（Sustainable Seoul Smart City：Seoul e-Government）》，即"全球数字首尔2020"，重新定位了首尔智慧城市的发展方向与战略目标。从"Smart City（"智慧城市"）"到"3S City（Sustainable Seoul Smart City）"，首尔的智慧城市建设正在发生哪些变化？从发展背景而言，"全球数字首尔2020"的提出主要基于3个方面：第一，智慧城市的发展处在一个移动智能的数字生态系统中，城市中的人、物、事都处于超链接状态，城市的治理与服务需要通过智能手机和其他智能产品实现输出与触达；第二，智慧城市的建设开始从"以用户为导向"的政府数字化战略向"以公民为主导"的数字化战略转变，政府需要围绕新的模式、体验与界面为公民提供服务，其中，围绕政府部门信息化的"政企合作"成为主流；第三，从政策的角度来看，首尔最重要的战略目标之一就是成为"世界上最具竞争力的五大城市之一"，因此，"全球数字首尔2020"是一个新的智慧城市发展战略，能够提高其全球竞争力。"全球数字首尔2020"侧重3个要素：数字技术、人及社会创新。首尔正在寻求整合基础设施和技术服务的途径，设想智慧城市治理带来创新和社会进步，通过促进公众的社会化参与改善公民的生活质量，并为未来创造可持续的价值。在数字政府发展与智慧城市建设的进程中，首尔市政府一直希望努力跟上中央政府制定的宏伟愿景，即"政府3.0"，它强调开放、共享、沟通、协作。在这个新的愿景的指引下，首尔智慧城市也正在经历一个范式转变，从"政府主导"转向"以人为本"。

在城市数字治理应用方面，首尔为市长建立了智能城市平台——"数字市长办公室"，旨在实时向市长汇报各种行政信息，使市长能够实时识别城市的行政问题，确定优先顺序，并在不在现场的情况下协调行动。对以前分散的城市目标进行整体规划可以帮助市长形成协调不同部门和需求的综合视角。"数字市长办公室"设计了3个核心功能：第一，实时了解灾难、事故的发生情况，市长不去现场也可以指挥现场，提高应对效率。第二，在同一个画面上，市长可以同时查看大气质量、上水质量、物价信息等与市民生活息息相关的城市信息。第三，市长不去现场也可以接收首尔城市建设主要项目的报告。"数字市长办公室"的界面可分成4个部分：一眼了解首尔、实时城市现状、市政现状、市政新闻。市长可以随时随地通过移动智能设备登录系统，迅速了解到首尔城市运行情况并采取相应措施。

此外，"数字市长办公室"还为城市政府公务员提供了内部协同与沟通服务，当市长下达指令后，系统将立即通知负责解决问题的公务员，并在智慧城市控制塔的帮助下收集信息，以查看和分析政策决定的有效性、发展趋势及市民反馈等。"数字市长办公室"是首尔市政府提供公共数据的广场，涵盖了首尔安全综合状况室（TOPIS）等167个系统的1 046.8329万件政务大数据信息、首尔市区800多台电视监控系统视频信息等。

下篇·评估与实践

五、评估指标体系构建

(一)城市治理智慧化评估体系研究现状

近年来,随着智慧城市建设的快速推进,针对更广泛的城市治理课题研究与推广实践受到了重视,如何推进治理智慧化更是成为一个重大挑战。城市治理智慧化的发展理念提出时间较短,治理智慧化实践也刚刚开始,所以国内外针对城市治理智慧化的评价研究成果还不多。

1. 国外城市治理智慧化相关评估指标

2007年,以维也纳工业大学Rudolf Giffinger教授为首的研究小组构建了包括智慧经济、智慧人群、智慧治理、智慧生活、智慧流动、智慧环境等评价指标的欧洲智慧城市评价体系,其中"智慧治理"重点评价决策的公共参与、公共和社会服务、透明治理等内容。2012年,博伊德·科恩(Boyd Cohen)博士基于智慧经济、智慧环境治理、智慧政府、智慧生活、智慧移动、智慧市民等角度构建了智慧城市评估指标体系,其中"智慧环境治理""智慧政府"等指标充分体现了社会治理的理念。具体情况见表6。

表6 国外城市治理智慧化相关评估指标情况

评估体系	智慧治理指标	具体内容
欧洲智慧城市评估体系	智慧治理	①决策的公共参与：人均市民代表、女性代表比重、市民的政治活动 ②公共和社会服务：入托儿童比重、对学校质量的满意度、政府对相关服务的投入 ③透明治理：主观指标，对政府治理腐败、治理公开的满意度
科恩智慧城市评估体系	智慧环境治理	绿色建筑、绿色能源、绿色城市规划
	智慧政府	启用供应和需求方面的政策、数据的透明和开放度、信息和通信技术与电子政务的结合程度

国外专家学者提出的相关智慧城市治理方面的评价指标，重点强调政府治理的透明化及公众参与社会事务的渠道与积极性，主要突出人的智慧与组织的力量。这也符合我国经济社会发展及城市化趋势，对构建中国城市治理智慧化评估指标体系具有重要参考价值。

2. 国内城市治理智慧化相关评估指标

2011—2016年中国社会科学院信息化研究中心与国脉互联智慧城市研究中心连续6年举办的中国智慧城市发展水平评估活动，构建了体系化的智慧城市发展水平评估指标体系，主要包括信息基础设施、智慧管理、智慧民生、智慧人群、智慧经济、保障措施等，为城市治理智慧化水平评估工作提供了重要借鉴。2012年住房和城乡建设部发布了《国家智慧城市（区、镇）试点指标体系（试行）》，2016年国家发展和改革委员会（以下简称国家发改委）、中央网络安全和信息化委员办公室、国家标准管理委员会联合下发的《新型智慧城市评价指标体系》，以及北京、上海、宁波等城市与研究机构发布的"智慧城市评估指标体系"都对智慧治理评估工作提供了重要参考。具体情况见表7。

表7　国内城市治理智慧化相关评估指标情况

评估体系	主要指标	具体内容
中国第六届智慧城市评估指标体系（中国社科院信息化研究中心、国脉智慧城市研究中心）	智慧治理	①"互联网＋政务"服务：评价公共资源开放共享水平 ②公共资源交易平台：评价公共资源开放水平 ③智慧民生服务：评价城市民生服务智能化程度 ④数据开放服务：评价数据开放服务水平
新型智慧城市评价指标体系（国家发改委、中央网信办、国家标准委）	精准治理	①城市管理：数字化城管、市政管网管线智能化、综合管廊 ②公共安全：公共安全视频资源采集、视频监控资源联网、视频图像应用等
	民生服务	政务服务、交通服务、社保服务、医疗服务、教育服务、就业服务等
	生态宜居	智慧环保、绿色节能
	网络安全	网络安全管理、系统与数据安全
宁波智慧城市发展水平评估指标体系（宁波智研院）	智慧治理	①电子政务：政务微博数、一站式网上行政审批服务及电子监察系统、市政府门户网站点击量 ②政府决策的公共参与：人代会议提案立案数、政协委员会提案立案数、听证会数量 ③公共服务投入：一般公共服务支出

目前，国内针对城市治理智慧化方面的研究大多是基于智慧城市的建设实践展开的，同时与城市综合竞争力、宜居城市与幸福城市等方面的评估研究具有很深的联系。虽然以上与城市治理相关的评价研究还具有一定的局限性，缺乏社会治理的全局性视角，但其围绕城市精准管理、民生服务、宜居宜业等方面的评价体系是非常切合我国城镇化发展实际的，也为构建城市治理智慧化评估体系提供了重要思路与借鉴。

（二）构建原则

根据当前我国信息社会转型升级的趋势及社会治理现代化发展战略，在科学构建中国城市治理智慧化水平评估指标体系过程中，我们将充分借鉴国家《新型智慧城市评价指标体系》及国内外其他智慧城市与社会治理等方面评价指标的构建方法，且遵循以下原则。

（1）政策性原则：以国家政策作为指标构建的重要依据，紧密结合国家治理体系和治理能力现代化建设方面的政策文件与推进策略，充分体现国家社会治理与新型城市化发展战略。

（2）科学性原则：按照城市智慧化发展规律，结合城市治理智慧化的内涵体系、业务模型及总体架构等构建评估指标体系，明确每个指标的含义和目标导向，真正反映城市治理的智慧化特征。

（3）系统性原则：构建指标体系要处理好局部与整体、具体行动和系统目标之间的关系，使其成为一个有机的整体，保障评估指标的系统性与连续性，有效引导城市治理的健康发展。

（4）导向性原则：构建指标体系要集中展示智慧、善治、创新、绿色的城市治理理念与价值导向，要具有较强的引领性，重点体现城市治理智慧化的发展趋势。

（5）可操作性原则：构建城市治理智慧化水平评价指标体系要切实考虑可操作性，在数据采集、测算、评估等方面有利于落地实施，使其真正成为一项理论与实践相结合的重要工具。

（三）构建方法

1. 构建流程

根据城市治理智慧化内涵及价值目标进行层层分解，逐步将评价的属性具体化，具体评估指标构建流程如下。

（1）目标分解：本研究课题首先研究中国城市治理智慧化水平评估体系的架构，分析出构成目标的核心要素或主要特征，并在此基础上设计各项指标，然后分层次和模块研究，最终形成完备的城市治理智慧化水平评估指标体系。

（2）归类合并：针对每项评估模块进行分解，首先将相关重要指标全部列出，然后运用调查统计法和相关分析法对初拟指标进行去重筛选，并尽量保证同一评价体系内的各个指标协调一致。

（3）试评检验：利用构建的评估指标体系进行试评估，在评价过程中检验指标体系的科学性、合理性及可操作性等，并对指标体系进行重新加工和完善。

（4）专家评估：通过召开专家座谈会或问卷调查的方法，对评估指标进行研讨，进一步修改完善评估指标体系，并重点获得该领域专家针对指标权重的意见与建议。

（5）实证研究：利用构建的中国城市治理智慧化水平评估指标体系，对中国各级各类城市的治理智慧化水平进行全面评估，并通过统计分析提出相应的策略建议。

2. 构建思路

根据中国城市治理智慧化的内涵、特征及价值导向等，在充分考虑国家治理现代化体系建设及智慧城市发展的现实情况，并参阅国内外城市治理的最新理念、观点及相关文献的基础上，科学构建中国城市治理智慧化水平评估指标体系。

（1）指标设计兼顾发展现状评估与引领指导的功能，创新评价方法，指标体系不仅要体现城市治理的真实情况，且要引领未来城市治理现代化的发展趋势。

（2）紧紧围绕城市治理智慧化的核心特征构建评估指标体系，将感知智能化、管理精准化、服务便捷化、网络空间规范化、参与主体多元化作为一级评估指标,重点突出智慧、善治、创新、绿色的发展理念,且各部分要具有内在逻辑性。

(3)对一级评估指标进行分解,充分吸收国家《新型智慧城市评价指标体系》、国脉互联《中国智慧城市发展水平评估指标体系》及城市竞争力、幸福城市等相关评估指标体系的特色内容,进行二级评估指标的设计,突出城市治理智慧化的核心理念。

(4)根据二级评估指标进一步设计评估要点,重点要求评估要点简洁明确,在数据采集、统计分析等方面要具有可操作性,同时在横向、纵向及相关评估领域具有可比性。

(四)指标体系

根据城市治理智慧化内涵与特征,并按照评估指标设计原则与思路,构建了由5项一级指标、13项二级指标、21项评估要点组成的评估指标体系,主要从城市治理支撑能力、应用创新、主体参与等方面进行考虑,并赋予智慧管理、惠民服务及主体协同等评估指标较高的权重,突出城市治理的核心内容。具体评估指标体系见表8。

表8 中国城市治理智慧化水平评估指标体系

一级指标	二级指标	评估要点
智能感知(15)	数据管理(10)	人口基础数据库建设情况(4)
		法人基础数据库建设情况(4)
		公共视频资源共享率(2)
	支撑平台(5)	云平台建设应用情况(3)
		时空信息平台应用水平(2)

续表

智慧管理（25）	资源开放（10）	政府数据开放情况（5）
		政务公开情况（5）
	综合管理（10）	城市协同管理平台建设情况（5）
		公共信用信息平台建设情况（5）
	智能决策（5）	大数据辅助决策情况（5）
惠民服务（25）	政务服务（13）	"一站式"办理情况（5）
		政务服务平台建设应用情况（8）
	城市公共服务（12）	网上公共服务开通情况（6）
		公共服务渠道整合情况（6）
网络空间（15）	舆情监测（5）	网络舆情监测情况（5）
	网络市场监管（5）	网络市场监管情况（5）
	网络安全（5）	网络安全保障机制建设情况（5）
主体协同（20）	模式创新（5）	城市治理模式创新情况（5）
	参与主体（5）	万人社会组织数量（5）
	互动交流（10）	互动交流渠道建设情况（5）
		社会化媒体参与度（5）

（1）智能感知：主要指通过对市民、企业及城市基础设施等相关领域数据的全生命周期管理，实现基础数据采集、整合、开发利用智能化，随时随地掌握城市运行状况，为城市治理智慧化打下坚实基础。

（2）智慧管理：主要指通过资源开放、协同管理、社会信用体系及城市大数据管理决策体系建设，实现城市管理协同化、透明化、精准化，形成共同参与、公开透明的城市治理模式。

（3）惠民服务：主要指通过"互联网+政务"的模式和方法，打造智能化政务服务及城市公共服务体系，为市民提供高效、便捷化的公共服务。这是城市治理以人为本的重要体现。

（4）网络空间：主要指通过建立信息安全、舆情监测、网络市场管理体系等，实现对网络空间的科学管理，保证网络空间安全、清朗，实现物理空间与虚拟空间的同步健康发展。

（5）主体协同：主要通过城市治理体制机制创新、社会共治共享、互动交流等方式，促进企业、社会组织、市民等主体积极参与城市治理，全面发挥各主体的特点与优势，促进城市治理可持续发展。

六、评估说明及方法

（一）评估目的

城市治理智慧化是我国城镇化快速推进过程中的一项创新性课题，既无现成方法经验可循，也无规范的评价标准。对其发展水平进行评估旨在全面了解我国城市治理现状及存在问题，为持续优化城市治理路径提供决策支持，并进一步引领我国城市治理现代化建设。

1. 构建城市治理智慧化最佳发展路径

通过对我国城市治理智慧化水平进行全面、客观地评估，旨在摸清我国城市治理发展现状，了解各地市治理水平及创新情况，准确把脉我国城市治理过程中存在的问题及面临的挑战，并在组织架构、运营模式、主体多元化等方面提出应对策略，使各地在构建城市治理体系方面少走弯路。

2. 激发各方热情，积极参与城市治理

通过我国城市治理智慧化水平评估工作的全面实施，在活动宣传、评估指标意见征集、数据采集及结果发布等环节，加强对各个城市政府

管理者、建设者、参与者等的广泛宣传,并不断激发其实施城市治理智慧化的动力和热情,形成全社会共同努力的最大合力,更好地发挥社会各类资源的作用,有效推进城市治理现代化建设。

3. 引领我国城市治理智慧化课题研究

通过系统地阐述城市治理智慧化内涵体系及发展规律,填补相关领域的理论空白,构建科学的治理智慧化评估模型及具有系统性、前瞻性、实操性的评价指标体系,充分反映了城市治理智慧化的特点与发展趋势,不断促进城市治理理念的创新发展,进而引领我国城市治理高效、理性、健康发展。

(二)评估范围

为了客观、真实地评价我国城市治理智慧化水平,且更具针对性和可比性,确定2017年中国城市治理智慧化水平评估对象为副省级和地级城市(不包括港澳台地区),总数为293个,具体城市名称见表9。

表9 2017年中国城市治理智慧化水平评估对象

省份	地级市	数量(个)
河北省	石家庄市、唐山市、秦皇岛市、邯郸市、邢台市、保定市、张家口市、承德市、沧州市、廊坊市、衡水市	11
山西省	太原市、大同市、阳泉市、长治市、晋城市、朔州市、忻州市、吕梁市、晋中市、临汾市、运城市	11
内蒙古自治区	呼和浩特市、包头市、乌海市、赤峰市、呼伦贝尔市、通辽市、乌兰察布市、鄂尔多斯市、巴彦淖尔市	9
辽宁省	沈阳市、大连市、鞍山市、抚顺市、本溪市、丹东市、锦州市、营口市、阜新市、辽阳市、盘锦市、铁岭市、朝阳市、葫芦岛市	14

续表

省份	地级市	数量（个）
吉林省	长春市、吉林市、四平市、辽源市、通化市、白山市、白城市、松原市	8
黑龙江省	哈尔滨市、齐齐哈尔市、牡丹江市、佳木斯市、大庆市、伊春市、鸡西市、鹤岗市、双鸭山市、七台河市、绥化市、黑河市	12
江苏省	南京市、无锡市、徐州市、常州市、苏州市、南通市、连云港市、淮安市、盐城市、扬州市、镇江市、泰州市、宿迁市	13
浙江省	杭州市、宁波市、温州市、绍兴市、湖州市、嘉兴市、金华市、衢州市、台州市、丽水市、舟山市	11
安徽省	合肥市、芜湖市、蚌埠市、淮南市、马鞍山市、淮北市、铜陵市、安庆市、黄山市、阜阳市、宿州市、滁州市、六安市、宣城市、池州市、亳州市	16
福建省	福州市、莆田市、泉州市、厦门市、漳州市、龙岩市、三明市、南平市、宁德市	9
江西省	南昌市、赣州市、宜春市、吉安市、上饶市、抚州市、九江市、景德镇市、萍乡市、新余市、鹰潭市	11
山东省	济南市、青岛市、淄博市、枣庄市、东营市、烟台市、潍坊市、济宁市、泰安市、威海市、日照市、滨州市、德州市、聊城市、临沂市、菏泽市、莱芜市	17
河南省	郑州市、开封市、洛阳市、平顶山市、安阳市、鹤壁市、新乡市、焦作市、濮阳市、许昌市、漯河市、三门峡市、商丘市、周口市、驻马店市、南阳市、信阳市	17
湖北省	武汉市、黄石市、十堰市、荆州市、宜昌市、襄阳市、鄂州市、荆门市、黄冈市、孝感市、咸宁市、随州市	12
湖南省	长沙市、株洲市、湘潭市、衡阳市、邵阳市、岳阳市、张家界市、益阳市、常德市、娄底市、郴州市、永州市、怀化市	13

续表

省份	地级市	数量（个）
广东省	广州市、深圳市、珠海市、汕头市、佛山市、韶关市、湛江市、肇庆市、江门市、茂名市、惠州市、梅州市、汕尾市、河源市、阳江市、清远市、东莞市、中山市、潮州市、揭阳市、云浮市	21
广西壮族自治区	南宁市、柳州市、桂林市、梧州市、北海市、崇左市、来宾市、贺州市、玉林市、百色市、河池市、钦州市、防城港市、贵港市	14
海南省	海口市、三亚市、儋州市、三沙市	4
四川省	成都市、绵阳市、自贡市、攀枝花市、泸州市、德阳市、广元市、遂宁市、内江市、乐山市、资阳市、宜宾市、南充市、达州市、雅安市、广安市、巴中市、眉山市	18
贵州省	贵阳市、六盘水市、遵义市、铜仁市、毕节市、安顺市	6
云南省	昆明市、昭通市、曲靖市、玉溪市、普洱市、保山市、丽江市、临沧市	8
西藏自治区	拉萨市、昌都市、山南市、日喀则市、林芝市	5
陕西省	西安市、铜川市、宝鸡市、咸阳市、渭南市、汉中市、安康市、商洛市、延安市、榆林市	10
甘肃省	兰州市、嘉峪关市、金昌市、白银市、天水市、酒泉市、张掖市、武威市、定西市、陇南市、平凉市、庆阳市	12
青海省	西宁市、海东市	2
宁夏回族自治区	银川市、石嘴山市、吴忠市、固原市、中卫市	5
新疆维吾尔自治区	乌鲁木齐市、克拉玛依市、吐鲁番市、哈密市	4
合计		293

（三）数据采集渠道

1. 文献调查

通过查阅各个样本城市的统计文献、年鉴公报等资料，以及梳理相关委办局发布的统计数据和相关信息，如统计局、经信委、科技局、民政局等部门，我们获取第一手准确的官方统计数据。

2. 依申请公开

根据《中华人民共和国政府信息公开条例》及国务院相关规定，针对不能直接获取到的统计数据，我们主要采取向相关地市委办局依申请公开的方式获取各项数据和资料等。

3. 电话调查

通过电话沟通方式，我们直接与各个样本城市的相关主管部门进行沟通，说明所需数据情况，并获取相关数据与材料。

（四）评价方法

本评估报告参照国内外各种综合指数的分级方法，并根据城市治理智慧化发展规律，将城市治理智慧化体系划分为5个阶段，即起步阶段、构建阶段、完善阶段、深化阶段与成熟阶段，从整体上评价不同阶段城市治理的智慧化水平。

根据我国城市治理现状分析，并结合此次评估结果，我们认为我国城市治理智慧化体系现处于构建阶段。为了对当前城市治理智慧化体系构建阶段的情况进行全面、准确的评价，充分借鉴国脉互联智慧城市研究中心与宁波市智慧城市规划标准发展研究院将智慧城市起步阶段划分为A（领先者）、B（追赶者）、C（准备者）3个等级的方法，按照百分制来衡量，进一步将构建阶段划分为5个等级。具体分级标准见表10。

表10 城市治理智慧化体系构建阶段等级界定

分级	综合指数	评价
A（引领者）	[80,100]	领导重视、行动快速、理念超前，初步建成城市治理智慧化体系，在组织架构、建设创新、制度规范、技术应用、资源开发、绩效评估等方面形成了体系化的推进路径与策略，整体处于领先位置，具有引领行业发展的示范作用
B（推动者）	[60,80]	领导重视、积极推进，城市治理智慧化体系建设全面展开，在信息基础设施、公共管理、民生服务、共治共享等相关领域取得了显著成效，并取得了一定的实践经验，对城市治理体系示范建设起到了重要的推动作用
C（追赶者）	[40,60]	领导重视、行动积极，有效推动城市治理智慧化理念、建设模式创新，积极学习先进城市经验，加强基础性、示范性重点项目建设，快速构建城市治理智慧化体系
D（布局者）	[20,40]	制定出台城市治理智慧化相关方面的实施方案或行动计划，成立领导小组与管理部门，引进一批建设运营企业与咨询服务机构，按计划稳步推进各方面工作
E（准备者）	[0,20]	创新意识不强，行动速度缓慢，城市治理智慧化体系建设各项工作还在准备中

七、评估结果总体分析

（一）总体评估结果

1. 总体排名情况

通过对全国293个副省级及地级城市治理智慧化水平全面评估，平均得分为45.1分（满分为100分），其中青岛市、杭州市、厦门市三个城市位列前三位，得分分别为68.3分、67.7分、64.5分。总体来看，我国城市治理智慧化水平还不太高，且各地发展水平参差不齐，仍处于治理智慧化体系构建发展阶段，按照我国城市治理智慧化体系构建阶段的等级划分，排在前三名的城市也还属于治理智慧化的推动者。这与当前城市治理智慧化理念宣传不够、"互联网+城市"推进速度缓慢、政策扶持力度不均等因素有关。具体排名情况见表11。

表11 中国城市治理智慧化水平评估结果总排名（2017年）

排名	地市	智能感知（15）	智慧管理（25）	惠民服务（25）	网络空间（15）	主体协同（20）	总分
1	青岛市	10.0	18.5	21.5	5.0	13.3	68.3
2	杭州市	9.3	15.8	22.4	3.7	16.5	67.7

续表

排名	地市	智能感知(15)	智慧管理(25)	惠民服务(25)	网络空间(15)	主体协同(20)	总分
3	厦门市	9.6	17.0	17.6	8.0	12.3	64.5
4	广州市	9.2	17.1	18.7	8.0	9.0	62.0
5	深圳市	7.2	15.7	17.1	8.7	13.1	61.8
6	珠海市	4.4	15.6	20.5	6.0	14.4	60.9
7	宁波市	9.8	14.0	18.1	6.2	12.3	60.4
8	佛山市	3.8	14.0	21.8	7.0	13.8	60.4
9	成都市	8.4	13.5	21.3	5.7	11.0	59.9
10	无锡市	7.6	17.9	17.5	3.5	13.3	59.8
11	扬州市	7.0	14.9	21.3	4.5	11.7	59.4
12	南京市	5.3	13.3	19.6	5.0	16.0	59.2
13	武汉市	7.3	16.4	20.4	7.0	7.3	58.4
14	江门市	4.4	15.5	19.4	3.5	15.4	58.2
15	威海市	7.2	14.3	20.9	3.9	11.9	58.2
16	南宁市	8.5	12.5	19.6	6.7	10.4	57.7
17	惠州市	6.8	14.2	18.3	4.8	13.5	57.6
18	宿迁市	6.3	13.3	20.5	4.5	12.9	57.5
19	宜昌市	10.8	13.2	19.1	5.0	9.2	57.3
20	苏州市	7.4	13.5	17.2	5.0	14.2	57.3
21	福州市	6.0	13.3	20.7	5.5	11.7	57.2
22	潍坊市	6.5	12.9	20.4	6.5	10.8	57.1
23	舟山市	4.8	13.1	20.7	5.8	12.7	57.1
24	济宁市	6.4	15.6	19.2	4.0	11.7	56.9
25	贵阳市	6.3	19.0	15.7	6.5	8.9	56.4
26	金华市	4.5	12.4	21.9	5.0	12.5	56.3
27	西安市	5.1	14.3	13.6	8.0	15.2	56.2

续表

排名	地市	智能感知(15)	智慧管理(25)	惠民服务(25)	网络空间(15)	主体协同(20)	总分
28	东莞市	5.5	15.7	17.8	2.5	14.4	55.9
29	德州市	7.2	12.1	20.1	4.0	12.1	55.5
30	衢州市	6.8	10.2	18.9	7.0	12.3	55.2
31	绍兴市	7.8	12.5	18.3	4.9	11.7	55.2
32	肇庆市	4.8	12.5	19.0	5.5	13.3	55.1
33	中山市	4.4	12.3	22.0	2.9	13.1	54.7
34	常州市	6.0	13.8	17.5	4.9	11.8	54.0
35	盐城市	4.4	13.8	19.8	4.5	11.5	54.0
36	湛江市	4.9	14.5	19.5	4.6	10.2	53.7
37	温州市	4.7	12.9	17.6	3.5	15.0	53.7
38	阜阳市	5.7	13.3	21.7	4.0	8.8	53.5
39	郑州市	5.4	13.0	17.5	7.0	10.6	53.5
40	银川市	7.8	14.0	14.8	5.0	11.9	53.5
41	泰州市	7.0	13.8	14.8	4.5	13.3	53.4
42	淄博市	8.4	13.3	16.2	3.5	11.9	53.3
43	泰安市	4.3	12.7	19.6	4.5	12.1	53.2
44	台州市	7.1	13.3	16.4	6.0	10.2	53.0
45	铜陵市	10.0	14.3	15.8	3.5	9.2	52.8
46	丽水市	4.2	13.5	17.7	5.4	11.9	52.7
47	咸阳市	3.9	14.8	19.8	6.0	8.1	52.6
48	随州市	6.6	12.6	17.9	4.5	10.6	52.2
49	嘉兴市	5.9	15.0	19.4	2.0	9.9	52.2
50	太原市	5.9	10.3	16.5	5.5	14.0	52.2
51	南通市	5.1	14.0	17.3	3.5	12.3	52.2
52	徐州市	4.9	12.6	19.7	5.5	9.4	52.1

续表

排名	地市	智能感知(15)	智慧管理(25)	惠民服务(25)	网络空间(15)	主体协同(20)	总分
53	阳江市	2.1	14.0	19.5	2.5	13.9	52.0
54	沈阳市	3.9	13.8	17.6	4.5	11.9	51.7
55	哈尔滨市	8.8	15.7	15.2	4.0	7.9	51.6
56	襄阳市	7.0	11.5	18.8	4.0	10.2	51.5
57	济南市	6.6	15.3	16.0	3.0	10.6	51.5
58	合肥市	7.1	14.0	13.6	4.0	12.7	51.4
59	石家庄市	5.0	12.3	18.1	6.7	8.8	50.9
60	茂名市	3.3	13.6	20.1	3.0	10.8	50.8
61	兰州市	6.3	13.3	17.6	5.5	8.1	50.8
62	许昌市	7.8	11.6	14.7	4.0	12.7	50.8
63	长沙市	6.8	12.0	17.9	3.5	10.4	50.6
64	荆州市	6.4	12.3	15.9	5.0	10.8	50.4
65	长春市	5.1	13.1	18.5	4.5	9.2	50.4
66	汕头市	3.2	14.4	17.8	3.5	11.5	50.4
67	蚌埠市	8.7	10.2	16.2	4.5	10.6	50.2
68	十堰市	5.8	13.3	18.8	2.0	10.2	50.1
69	泉州市	7.1	10.5	16.4	3.6	12.5	50.1
70	湖州市	4.6	12.2	16.5	4.7	12.1	50.1
71	绵阳市	7.1	11.8	17.3	4.5	9.3	50.0
72	海口市	4.0	14.0	18.6	3.0	10.2	49.8
73	云浮市	4.3	11.2	18.8	3.9	11.6	49.8
74	唐山市	3.6	12.3	18.4	6.5	9.0	49.8
75	营口市	5.5	10.9	17.2	5.0	11.0	49.6

续表

排名	地市	智能感知(15)	智慧管理(25)	惠民服务(25)	网络空间(15)	主体协同(20)	总分
76	呼和浩特市	5.7	13.3	14.6	6.0	10.0	49.6
77	韶关市	2.5	14.6	18.9	3.7	9.6	49.3
78	南平市	6.6	12.3	16.4	3.5	10.4	49.2
79	包头市	5.1	13.3	15.0	6.0	9.8	49.2
80	泸州市	4.9	14.1	16.1	3.0	11.4	49.5
81	咸宁市	2.7	14.3	15.5	2.0	14.6	49.1
82	鄂尔多斯市	6.0	9.7	15.4	4.9	13.1	49.1
83	南昌市	5.8	13.0	15.7	4.0	10.6	49.1
84	雅安市	3.8	11.4	19.6	4.5	9.8	49.1
85	聊城市	7.8	9.5	18.9	4.5	8.3	49.0
86	滨州市	3.6	14.0	15.0	6.0	10.4	49.0
87	淮安市	3.9	12.3	18.5	3.0	11.3	49.0
88	益阳市	7.3	13.2	13.6	4.0	10.8	48.9
89	滁州市	6.0	12.0	18.5	3.0	9.2	48.7
90	新余市	7.1	12.5	12.2	6.0	10.8	48.6
91	德阳市	6.8	12.8	16.4	2.0	10.4	48.4
92	梅州市	3.7	13.7	17.1	4.0	9.8	48.3
93	汕尾市	4.1	12.5	17.8	3.3	10.6	48.3
94	芜湖市	8.7	11.7	15.0	3.0	9.8	48.2
95	连云港市	3.5	11.8	17.5	3.4	11.9	48.1
96	亳州市	8.1	9.8	16.6	2.9	10.6	48.0
97	乌海市	7.2	8.6	16.3	7.0	8.7	47.8

续表

排名	地市	智能感知(15)	智慧管理(25)	惠民服务(25)	网络空间(15)	主体协同(20)	总分
98	马鞍山市	4.0	10.4	19.9	2.6	10.8	47.7
99	揭阳市	2.3	11.7	18.3	5.0	10.4	47.7
100	遂宁市	4.7	11.3	17.6	4.5	9.6	47.7
101	大连市	4.5	12.0	18.9	5.0	7.3	47.7
102	荆门市	4.1	12.5	15.0	3.8	12.3	47.7
103	永州市	4.6	14.3	12.5	2.9	13.3	47.6
104	锦州市	3.6	12.3	18.3	4.0	9.3	47.5
105	齐齐哈尔市	3.8	10.7	20.2	3.9	8.8	47.4
106	鄂州市	5.1	12.5	17.0	3.0	9.8	47.4
107	张家口市	4.0	12.6	17.3	4.0	9.3	47.2
108	镇江市	3.3	11.9	20.6	2.5	8.9	47.2
109	柳州市	5.6	10.5	19.1	3.0	8.9	47.1
110	安庆市	4.2	13.5	15.2	2.5	11.4	46.8
111	临沂市	6.8	13.0	14.8	3.0	9.2	46.8
112	攀枝花市	3.7	12.8	17.4	3.5	9.3	46.8
113	廊坊市	6.2	12.8	14.7	3.5	9.5	46.7
114	铜仁市	4.7	12.3	16.4	3.4	9.8	46.6
115	潮州市	4.9	11.6	16.6	2.5	10.8	46.4
116	乌鲁木齐市	5.8	7.5	17.2	4.5	11.4	46.4
117	阳泉市	5.7	9.9	13.9	5.5	11.4	46.4
118	广元市	3.9	12.3	15.4	4.5	10.2	46.3

续表

排名	地市	智能感知(15)	智慧管理(25)	惠民服务(25)	网络空间(15)	主体协同(20)	总分
119	龙岩市	5.2	12.1	16.4	3.0	9.6	46.3
120	遵义市	5.3	13.2	13.8	3.9	10.0	46.2
121	烟台市	4.3	12.6	16.0	2.9	10.4	46.2
122	安顺市	5.2	14.0	14.4	3.4	9.2	46.2
123	邯郸市	6.0	9.5	19.2	3.0	8.5	46.2
124	渭南市	6.3	11.5	15.7	5.0	7.7	46.2
125	邢台市	5.3	11.0	14.6	3.4	11.8	46.1
126	清远市	3.3	11.3	16.6	3.6	11.3	46.1
127	株洲市	6.8	12.0	12.4	5.7	9.0	45.9
128	鞍山市	3.4	12.3	14.6	6.0	9.6	45.9
129	黄冈市	4.2	14.3	15.8	3.0	8.5	45.8
130	克拉玛依市	7.9	12.3	13.0	3.3	9.3	45.8
131	嘉峪关市	5.6	11.3	15.6	5.0	8.3	45.8
132	铜川市	4.7	12.0	15.1	4.0	10.0	45.8
133	六盘水市	5.3	14.0	15.2	3.0	8.1	45.6
134	南阳市	5.4	11.8	15.0	5.2	8.1	45.5
135	河源市	3.9	11.3	15.9	3.9	10.2	45.2
136	大同市	4.2	8.6	17.3	5.5	9.6	45.2
137	漯河市	5.5	6.3	18.4	4.5	10.2	44.9
138	宿州市	4.6	14.2	14.1	2.0	10.0	44.9
138	宣城市	3.0	11.4	15.6	3.5	11.3	44.8
139	宜春市	7.5	9.7	14.7	3.5	9.3	44.7
141	常德市	4.9	13.2	13.6	2.5	10.4	44.6

续表

排名	地市	智能感知(15)	智慧管理(25)	惠民服务(25)	网络空间(15)	主体协同(20)	总分
142	衡阳市	5.2	11.5	15.6	5.0	7.3	44.6
143	达州市	4.6	12.0	14.8	3.0	10.2	44.6
144	昆明市	5.6	9.9	14.2	5.0	9.8	44.5
145	本溪市	4.0	10.6	18.3	2.6	8.9	44.4
146	鹤壁市	5.9	8.5	15.8	4.0	10.2	44.4
147	抚顺市	3.0	11.6	14.8	4.5	10.4	44.3
148	莆田市	5.4	11.0	17.1	4.0	6.8	44.3
149	黄石市	2.8	11.0	13.5	4.5	12.5	44.3
150	枣庄市	4.0	9.8	14.8	4.5	11.2	44.3
151	开封市	3.8	7.8	17.2	4.0	11.4	44.2
152	淮北市	5.4	11.4	14.8	3.0	9.6	44.2
153	广安市	3.5	11.9	16.7	3.5	8.5	44.1
154	汉中市	4.3	11.3	15.0	3.5	10.0	44.1
155	黄山市	5.6	11.9	14.8	2.5	9.3	44.1
156	钦州市	4.3	7.5	17.4	4.3	10.6	44.1
157	保定市	4.1	12.0	14.8	3.4	9.8	44.1
158	湘潭市	6.0	12.5	13.3	3.0	9.2	44.0
159	秦皇岛市	4.5	11.5	12.4	4.9	10.6	43.9
160	淮南市	5.5	10.7	13.7	5.0	9.0	43.9
161	赣州市	3.3	12.7	15.5	5.2	7.1	43.8
162	宁德市	3.7	11.2	16.4	3.5	8.9	43.7
163	莱芜市	4.9	11.1	15.0	2.1	10.6	43.7
164	景德镇市	3.1	10.3	15.0	6.4	8.9	43.7
165	漳州市	5.5	10.0	16.4	3.5	8.1	43.5

续表

排名	地市	智能感知(15)	智慧管理(25)	惠民服务(25)	网络空间(15)	主体协同(20)	总分
166	来宾市	6.6	10.4	14.0	4.4	8.1	43.5
167	岳阳市	2.7	11.0	15.0	7.3	7.5	43.5
168	怀化市	2.5	11.0	16.6	2.5	10.8	43.4
169	三明市	3.6	10.3	17.1	4.0	8.4	43.4
170	张掖市	6.8	10.9	13.3	3.5	8.8	43.3
171	娄底市	2.8	12.0	14.4	4.5	9.5	43.2
172	自贡市	3.9	9.0	16.1	4.3	9.8	43.1
173	延安市	3.7	9.3	15.5	4.5	10.0	43.0
174	西宁市	3.9	10.2	15.9	3.9	8.9	42.8
175	六安市	4.9	13.8	12.4	4.0	7.7	42.8
176	平顶山市	4.7	8.3	15.7	4.2	9.8	42.7
177	酒泉市	6.1	9.4	12.6	4.0	10.6	42.7
178	牡丹江市	3.7	10.5	18.6	4.2	5.6	42.6
179	七台河市	6.0	10.0	12.7	3.7	10.2	42.6
180	宝鸡市	5.2	13.0	10.8	3.8	9.8	42.6
181	毕节市	3.6	12.8	15.0	3.0	8.1	42.5
182	保山市	4.2	8.0	18.2	4.4	7.7	42.5
183	洛阳市	4.4	8.5	16.2	5.0	8.3	42.4
184	安康市	4.4	10.5	14.6	2.5	10.4	42.4
185	佳木斯市	2.7	11.3	18.8	3.7	5.8	42.3
186	南充市	3.1	11.2	15.2	3.5	9.3	42.3

续表

排名	地市	智能感知(15)	智慧管理(25)	惠民服务(25)	网络空间(15)	主体协同(20)	总分
187	阜新市	4.5	9.5	13.8	5.0	9.4	42.2
188	乌兰察布市	3.1	9.2	18.6	4.5	6.8	42.2
189	日照市	5.2	11.4	14.8	3.0	7.7	42.1
190	邵阳市	4.1	13.3	17.1	3.0	4.6	42.1
191	郴州市	5.4	8.3	15.6	4.5	8.3	42.1
192	东营市	2.2	9.5	16.3	3.5	10.6	42.1
193	桂林市	4.1	13.7	14.3	2.2	7.7	42.0
194	驻马店市	4.1	8.1	17.3	3.7	8.7	41.9
195	眉山市	4.3	9.6	14.0	4.0	10.0	41.9
196	池州市	2.2	10.0	16.1	4.0	9.6	41.9
197	天水市	6.5	10.4	13.9	2.5	8.5	41.8
198	三门峡市	3.7	9.9	14.1	7.2	6.8	41.7
199	资阳市	3.3	12.2	12.0	5.0	9.2	41.7
200	绥化市	3.1	11.7	14.3	3.9	8.7	41.7
201	丹东市	4.0	10.1	14.0	5.4	8.1	41.6
202	通辽市	6.8	6.0	13.2	4.5	11.0	41.5
203	商洛市	4.5	8.3	12.8	4.4	11.5	41.5
204	衡水市	3.3	8.0	14.5	4.5	11.0	41.3
205	陇南市	5.1	11.0	13.6	3.1	8.5	41.3
206	鹰潭市	6.7	7.8	12.3	5.5	8.9	41.2
207	孝感市	1.5	12.7	14.7	2.0	10.2	41.1
208	菏泽市	4.7	9.3	14.2	4.5	8.3	41.0
209	九江市	4.8	8.8	14.2	4.0	9.2	41.0

续表

排名	地市	智能感知(15)	智慧管理(25)	惠民服务(25)	网络空间(15)	主体协同(20)	总分
210	上饶市	6.6	8.3	10.0	5.0	11.0	40.9
211	沧州市	2.9	12.5	14.8	3.5	7.1	40.8
212	榆林市	4.8	7.0	16.2	3.0	9.8	40.8
213	安阳市	1.7	8.8	16.3	5.4	8.5	40.7
214	金昌市	3.5	11.0	11.8	4.0	10.4	40.7
215	玉林市	3.1	9.0	16.6	5.5	6.5	40.7
216	伊春市	2.6	12.9	12.5	3.7	9.0	40.7
217	内江市	3.5	8.0	14.4	4.5	10.2	40.6
218	抚州市	4.8	8.3	13.4	4.0	9.8	40.3
219	长治市	5.6	11.0	12.0	3.5	8.1	40.2
220	松原市	2.0	7.8	16.9	4.1	9.3	40.1
221	玉溪市	5.0	9.5	15.0	3.9	6.7	40.1
222	三亚市	4.7	11.3	12.4	2.5	9.2	40.1
223	儋州市	4.7	10.2	12.9	2.7	9.6	40.1
224	乐山市	4.7	8.3	15.1	4.0	7.9	40.0
225	临汾市	2.5	10.1	14.0	4.0	9.3	39.9
226	萍乡市	3.4	9.3	13.7	3.5	10.0	39.9
227	白银市	5.5	8.5	13.3	3.7	8.9	39.9
228	新乡市	1.5	7.3	15.8	3.0	12.3	39.9
229	商丘市	2.5	7.3	17.5	5.5	7.1	39.9
230	辽阳市	4.1	10.7	13.5	4.7	6.8	39.8
231	大庆市	3.2	9.9	14.5	1.5	10.6	39.7
232	信阳市	3.4	10.2	16.1	3.2	6.7	39.6
233	宜宾市	4.6	10.7	13.5	3.0	7.7	39.5

续表

排名	地市	智能感知(15)	智慧管理(25)	惠民服务(25)	网络空间(15)	主体协同(20)	总分
234	吐鲁番市	3.9	9.9	13.5	2.2	10.0	39.5
235	鸡西市	3.8	11.8	13.3	3.9	6.6	39.4
236	吉安市	2.1	8.5	14.7	4.2	9.8	39.3
237	焦作市	3.9	8.5	13.4	4.5	8.9	39.2
238	吉林市	1.8	11.7	14.7	4.0	7.0	39.2
239	崇左市	5.3	7.3	15.1	3.4	7.8	38.9
240	周口市	2.1	8.5	13.3	4.6	10.3	38.8
241	濮阳市	2.7	9.4	15.7	3.5	7.5	38.8
242	丽江市	3.8	9.8	14.7	3.4	6.8	38.5
243	黑河市	3.3	10.2	13.6	4.5	6.8	38.4
244	吕梁市	4.0	8.6	12.8	4.0	8.9	38.3
245	武威市	2.5	10.3	12.7	2.5	10.2	38.2
246	朔州市	2.6	7.8	12.7	6.0	9.1	38.2
247	承德市	3.5	8.6	15.6	4.0	6.2	37.9
248	北海市	4.3	10.4	9.9	6.0	7.1	37.7
249	张家界市	3.7	10.5	12.5	3.5	7.3	37.5
250	吴忠市	4.3	7.7	15.3	4.0	6.2	37.5
251	石嘴山市	5.5	7.8	10.7	3.5	9.9	37.4
252	中卫市	3.1	7.8	13.6	4.4	8.5	37.4
253	晋城市	3.5	7.8	10.4	5.0	10.6	37.3
254	晋中市	3.1	7.4	14.3	5.5	6.8	37.1
255	巴中市	3.0	7.5	14.0	3.5	9.0	37.0
256	平凉市	3.9	9.2	12.3	2.5	8.9	36.8

续表

排名	地市	智能感知(15)	智慧管理(25)	惠民服务(25)	网络空间(15)	主体协同(20)	总分
257	葫芦岛市	3.5	8.9	11.7	4.7	7.7	36.5
258	盘锦市	2.9	11.0	13.0	3.0	6.6	36.5
259	固原市	5.8	7.5	11.2	3.9	8.1	36.5
260	忻州市	4.2	6.3	10.4	4.7	10.8	36.4
261	铁岭市	3.1	10.3	10.5	4.4	7.7	36.0
262	梧州市	4.8	7.3	14.4	3.0	6.5	36.0
263	鹤岗市	3.9	8.2	12.5	1.5	9.8	35.9
264	通化市	5.2	7.0	11.1	2.5	10.0	35.8
265	朝阳市	2.9	10.4	13.7	2.4	6.2	35.6
266	运城市	4.1	7.4	10.5	2.5	11.0	35.5
267	哈密市	5.3	9.4	11.7	2.0	7.1	35.5
268	四平市	1.5	7.5	13.8	5.7	6.9	35.4
269	拉萨市	4.4	9.9	9.1	4.0	7.9	35.3
270	昭通市	2.6	7.2	15.4	3.4	6.7	35.3
271	辽源市	2.9	5.8	17.2	2.5	6.8	35.3
272	防城港市	2.9	10.7	9.5	4.0	8.1	35.2
273	普洱市	2.4	7.4	13.5	5.0	6.8	35.1
274	贵港市	4.1	5.5	10.1	3.5	11.8	35.0
275	赤峰市	4.1	6.5	10.9	6.0	7.5	35.0
276	双鸭山市	3.3	6.5	12.2	3.5	9.3	34.8
277	临沧市	4.1	8.4	12.3	3.0	6.6	34.4
278	庆阳市	4.2	8.7	12.6	3.0	5.8	34.3
279	定西市	1.8	6.5	12.3	3.0	9.8	33.4

续表

排名	地市	智能感知（15）	智慧管理（25）	惠民服务（25）	网络空间（15）	主体协同（20）	总分
280	呼伦贝尔市	4.4	9.6	9.4	3.0	6.8	33.2
281	贺州市	2.5	10.2	10.1	4.6	5.2	32.6
282	海东市	4.0	8.9	10.0	2.0	7.4	32.3
283	曲靖市	3.1	7.6	12.0	3.5	6.0	32.2
284	白山市	2.7	6.3	12.3	3.2	7.7	32.2
285	巴彦淖尔市	1.9	9.2	8.8	3.5	7.8	31.2
286	河池市	3.1	4.0	8.3	4.4	10.3	30.1
287	百色市	4.1	9.2	7.7	3.2	5.6	29.8
288	林芝市	4.2	9.9	6.3	3.4	5.6	29.4
289	山南市	3.9	9.1	6.1	3.9	5.4	28.4
290	白城市	2.9	6.0	9.5	2.0	7.3	27.7
291	昌都市	2.6	5.9	7.9	4.4	6.8	27.6
292	日喀则市	3.9	6.1	5.6	3.9	5.4	24.9
293	三沙市	3.9	6.1	6.3	3.6	5.0	24.9

2.总体得分情况说明

本次评估样本共293个城市，通过对总体得分情况进行统计分析，基本呈正态分布，如图4所示，大部分集中在40~50分，此区间内城市数量达152个，占比51.88%。另外，有8个城市得分达60分以上，占比2.73%；有63个城市得分在50~60分，占比为21.50%；有7个城市得分在30分以下，占比为2.39%。

从整体得分情况来看，2017年我国城市治理智慧化属于中等偏下水平，仍在积极统筹建设阶段。

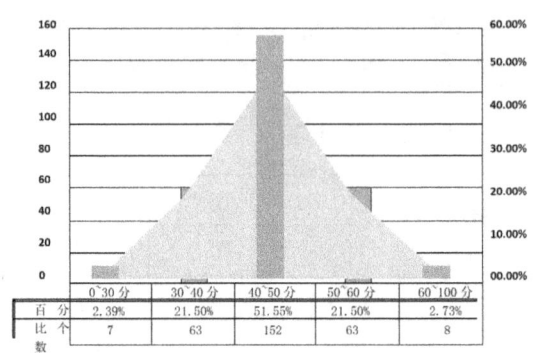

图4 中国城市治理智慧化水平总体得分分布

本次中国城市治理智慧化水平评估包含5个一级指标，即智能感知、智慧管理、惠民服务、网络空间、主体协同，从得分率情况来看，各个指标有较大的差距，如图5所示。其中，惠民服务评估指标的得分率相对较高，达61.75%，这与近几年国家大力推进信息惠民与"互联网＋政务"服务工程密切相关，使民生服务水平得到了有效提升。智慧管理与主体协同评估指标得分率分别为44.38%和48.32%，说明近几年各地市在城市管理理念与模式创新方面得到了一定程度的提升；智能感知和网络空间评估指标得分情况明显偏低，分别为31.88%和27.44%，说明各城市在信息资源开发利用及虚拟空间管理方面处于起步阶段，这也成为制约城市治理智慧化体系建设的短板，还需要继续加大推进力度。

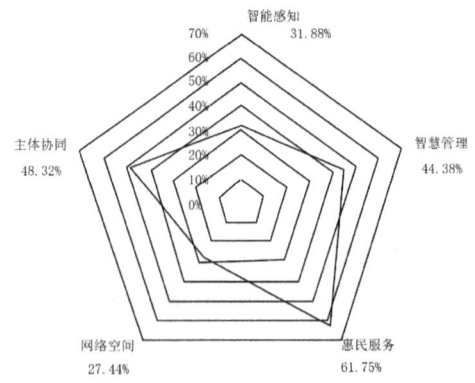

图5 中国城市治理智慧化水平一级评估指标得分率情况

3. 前 10 位得分情况分析

本次评估排在前 10 位的城市分别是青岛市、杭州市、厦门市、广州市、深圳市、珠海市、宁波市、佛山市、成都市和无锡市。从排名前 10 位城市一级评估指标得分情况来看，各个城市建设重点与特色不同，在智慧管理和惠民服务方面发展相对均衡，差距较小，但在智能感知、网络空间、主体协同方面具有一定差异，需要各城市相互学习、取长补短，不断提升城市治理智慧化水平。排名前 10 位城市各项指标得分对比情况如图 6 所示。

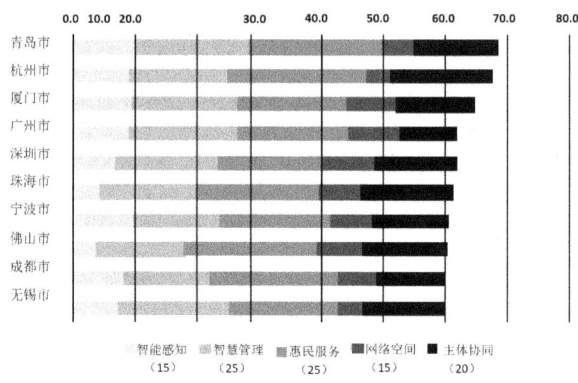

图 6 前 10 名城市一级评估指标得分情况

（二）区域评估排名情况

通过对华中、华北、华南、西北、东北、西南、华东 7 个区域城市治理智慧化得分情况的统计分析，总体是东部发达地区走在前列，中西部地区相对落后一些，区域间得分率相差 8 个百分点左右。华东地区城市得分率最高，平均得分率为 49.92%；华南、华中得分率次之，分别为 46.67%、45.30%，都在平均水平以上；华北、西北、西南、东北四个地区平均得分率分别为 42.60%、42.09%、41.75%、40.95%。整体来看，区域间城市治理水平还存在一定差距，主要是各城市发展理念、经济水平、信息基础设施建设等参差不齐，导致各区域城市治理智慧化水平呈现高低不均状态。具体情况如图 7 所示。

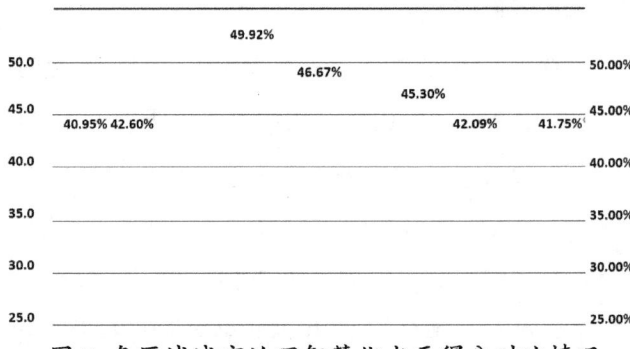

图 7 各区域城市治理智慧化水平得分对比情况

1. 华东地区城市治理智慧化水平排名情况

本次华东地区入评样本城市 77 个，平均得分率为 49.92%，凭借其经济发展优势，城市整体治理智慧化水平高于全国其他地区。具体来看，华东地区得分排名前 10 位的城市分别为青岛市、杭州市、厦门市、宁波市、无锡市、扬州市、南京市、威海市、宿迁市、苏州市，其中浙江、山东、江苏地区城市治理智慧化水平整体走在前列，具体得分情况见表 12。

表 12 华东地区城市治理智慧化水平排名情况

排名	地市	总得分	总得分率
1	青岛市	68.4	68.37%
2	杭州市	67.7	67.66%
3	厦门市	64.5	64.49%
4	宁波市	60.4	60.39%
5	无锡市	59.8	59.83%
6	扬州市	59.4	59.39%
7	南京市	59.2	59.20%
8	威海市	58.2	58.16%
9	宿迁市	57.5	57.54%
10	苏州市	57.3	57.27%
11	福州市	57.2	57.17%

续表

排名	地市	总得分	总得分率
12	潍坊市	57.1	57.13%
13	舟山市	57.1	57.11%
14	济宁市	56.9	56.87%
15	金华市	56.3	56.30%
16	德州市	55.5	55.50%
17	衢州市	55.2	55.19%
18	绍兴市	55.2	55.17%
19	常州市	54.0	54.03%
20	盐城市	54.0	54.00%
21	温州市	53.7	53.70%
22	阜阳市	53.5	53.49%
23	泰州市	53.4	53.43%
24	淄博市	53.3	53.32%
25	泰安市	53.2	53.20%
26	台州市	53.0	53.01%
27	铜陵市	52.8	52.77%
28	丽水市	52.7	52.68%
29	嘉兴市	52.2	52.24%
30	南通市	52.2	52.15%
31	徐州市	52.1	52.10%
32	济南市	51.5	51.50%
33	合肥市	51.4	51.41%
34	蚌埠市	50.2	50.23%
35	泉州市	50.1	50.10%
36	湖州市	50.1	50.08%
37	南平市	49.2	49.22%

续表

排名	地市	总得分	总得分率
38	南昌市	49.0	49.04%
39	聊城市	49.0	49.03%
40	滨州市	49.0	49.02%
41	淮安市	49.0	48.95%
42	滁州市	48.6	48.65%
43	新余市	48.6	48.63%
44	芜湖市	48.2	48.19%
45	连云港市	48.1	48.12%
46	亳州市	48.0	48.01%
47	马鞍山市	47.8	47.75%
48	镇江市	47.2	47.22%
49	安庆市	46.9	46.86%
50	临沂市	46.8	46.79%
51	龙岩市	46.3	46.28%
52	烟台市	46.2	46.22%
53	宿州市	44.9	44.88%
54	宜春市	44.8	44.75%
55	宣城市	44.8	44.75%
56	莆田市	44.3	44.33%
57	枣庄市	44.3	44.27%
58	淮北市	44.2	44.18%
59	黄山市	44.1	44.13%
60	淮南市	43.9	43.86%
61	宁德市	43.8	43.76%
62	赣州市	43.7	43.74%
63	莱芜市	43.7	43.72%

续表

排名	地市	总得分	总得分率
63	景德镇市	43.7	43.72%
65	漳州市	43.5	43.50%
66	三明市	43.4	43.42%
67	六安市	42.8	42.81%
68	日照市	42.1	42.13%
69	东营市	42.1	42.08%
70	池州市	41.9	41.88%
71	鹰潭市	41.2	41.22%
72	菏泽市	41.1	41.07%
73	九江市	41.0	40.97%
74	上饶市	40.9	40.90%
75	抚州市	40.3	40.29%
76	萍乡市	39.9	39.92%
77	吉安市	39.3	39.25%

2. 华南地区城市治理智慧化水平排名情况

本次华南地区入评样本城市39个，平均得分率为46.67%，高于中国城市治理智慧化平均水平，在7大地区中位列第二位。具体来看，华南地区得分排名前10位的城市分别为广州市、深圳市、珠海市、佛山市、江门市、南宁市、惠州市、东莞市、肇庆市、中山市，其中广东省整体发展水平较高，但华南地区城市治理呈现两极分化现象。具体得分情况见表13。

表13 华南地区城市治理智慧化水平排名情况

排名	地市	总得分	总得分率
1	广州市	62.0	61.96%

续表

排名	地市	总得分	总得分率
2	深圳市	61.8	61.78%
3	珠海市	60.9	60.92%
4	佛山市	60.4	60.35%
5	江门市	58.3	58.26%
6	南宁市	57.7	57.72%
7	惠州市	57.6	57.60%
8	东莞市	55.9	55.90%
9	肇庆市	55.2	55.15%
10	中山市	54.8	54.79%
11	湛江市	53.7	53.73%
12	阳江市	52.0	52.04%
13	茂名市	50.9	50.85%
14	汕头市	50.4	50.40%
15	海口市	49.8	49.81%
16	云浮市	49.8	49.80%
17	韶关市	49.3	49.30%
18	梅州市	48.3	48.31%
19	汕尾市	48.3	48.26%
20	揭阳市	47.7	47.74%
21	柳州市	47.1	47.12%
22	潮州市	46.5	46.47%
23	清远市	46.1	46.05%
24	河源市	45.3	45.27%
25	钦州市	44.1	44.13%
26	来宾市	43.5	43.48%
27	桂林市	42.0	42.01%

续表

排名	地市	总得分	总得分率
28	玉林市	40.7	40.68%
29	三亚市	40.1	40.07%
30	儋州市	40.0	40.04%
31	崇左市	39.0	38.97%
32	北海市	37.7	37.68%
33	梧州市	36.0	35.98%
34	防城港市	35.2	35.18%
35	贵港市	35.0	35.03%
36	贺州市	32.6	32.61%
37	河池市	30.1	30.13%
38	百色市	29.7	29.74%
39	三沙市	24.8	24.82%

3. 华北与东北地区城市治理智慧化水平排名情况

本次华北与东北地区入评样本城市65个，平均得分率为41.75%，低于平均得分。华北与东北地区得分排名前10位的城市分别为太原市、沈阳市、哈尔滨市、石家庄市、长春市、唐山市、营口市、呼和浩特市、包头市、鄂尔多斯市，其中最高得分为52.2分。此外，从综合排名来看，华北与东北地区44个城市得分在平均水平以下，整体治理智慧化建设有待提升。具体得分情况见表14。

表14 华北与东北地区城市治理智慧化水平排名情况

排名	地市	总得分	总得分率
1	太原市	52.2	52.16%
2	沈阳市	51.7	51.68%
3	哈尔滨市	51.6	51.62%
4	石家庄市	50.9	50.85%

续表

排名	地市	总得分	总得分率
5	长春市	50.4	50.41%
6	唐山市	49.8	49.76%
7	营口市	49.6	49.62%
8	呼和浩特市	49.6	49.60%
9	包头市	49.2	49.21%
10	鄂尔多斯市	49.1	49.08%
11	乌海市	47.8	47.83%
12	大连市	47.7	47.69%
13	锦州市	47.5	47.53%
14	齐齐哈尔市	47.4	47.39%
15	张家口市	47.3	47.25%
16	廊坊市	46.7	46.70%
17	阳泉市	46.4	46.42%
18	邯郸市	46.2	46.16%
19	邢台市	46.1	46.15%
20	鞍山市	45.8	45.84%
21	大同市	45.2	45.18%
22	本溪市	44.4	44.42%
23	抚顺市	44.3	44.34%
24	保定市	44.1	44.09%
25	秦皇岛市	43.9	43.88%
26	牡丹江市	42.6	42.58%
27	七台河市	42.6	42.57%
28	佳木斯市	42.3	42.33%
29	阜新市	42.3	42.26%
30	乌兰察布市	42.2	42.23%

续表

排名	地市	总得分	总得分率
31	绥化市	41.6	41.63%
32	丹东市	41.6	41.56%
33	通辽市	41.5	41.50%
34	衡水市	41.3	41.34%
35	沧州市	40.8	40.78%
36	伊春市	40.7	40.68%
37	长治市	40.2	40.18%
38	松原市	40.1	40.11%
39	临汾市	39.9	39.93%
40	辽阳市	39.8	39.83%
41	大庆市	39.7	39.73%
42	鸡西市	39.4	39.36%
43	吉林市	39.2	39.24%
44	黑河市	38.4	38.41%
45	吕梁市	38.3	38.32%
46	朔州市	38.2	38.18%
47	承德市	37.9	37.95%
48	晋城市	37.3	37.35%
49	晋中市	37.2	37.17%
50	葫芦岛市	36.5	36.55%
51	盘锦市	36.5	36.48%
52	忻州市	36.5	36.45%
53	铁岭市	36.0	36.01%
54	鹤岗市	35.9	35.85%
55	通化市	35.7	35.74%
56	朝阳市	35.6	35.65%

续表

排名	地市	总得分	总得分率
57	运城市	35.5	35.54%
58	四平市	35.3	35.34%
59	辽源市	35.3	35.25%
60	赤峰市	35.0	34.96%
61	双鸭山市	34.8	34.81%
62	呼伦贝尔市	33.3	33.25%
63	白山市	32.1	32.13%
64	巴彦淖尔市	31.2	31.23%
65	白城市	27.7	27.73%

4. 华中地区城市治理智慧化水平排名情况

本次华中地区入评样本城市42个，平均得分率为45.30%，高于平均水平，整体发展态势良好。华中地区得分排名前10位的城市分别为武汉市、宜昌市、郑州市、随州市、襄阳市、许昌市、长沙市、荆州市、十堰市、咸宁市，最高得分为58.4分，其中湖北省城市治理智慧化整体发展水平相对较高，具体得分情况见表15。

表15 华中地区城市治理智慧化水平排名情况

排名	地市	总得分	总得分率
1	武汉市	58.4	58.43%
2	宜昌市	57.3	57.27%
3	郑州市	53.5	53.48%
4	随州市	52.2	52.25%
5	襄阳市	51.5	51.51%
6	许昌市	50.8	50.77%
7	长沙市	50.6	50.62%
8	荆州市	50.5	50.47%

续表

排名	地市	总得分	总得分率
9	十堰市	50.1	50.11%
10	咸宁市	49.1	49.08%
11	益阳市	48.9	48.91%
12	荆门市	47.7	47.69%
13	永州市	47.6	47.55%
14	鄂州市	47.4	47.39%
15	黄冈市	45.9	45.88%
16	株洲市	45.9	45.86%
17	南阳市	45.5	45.48%
18	漯河市	44.9	44.89%
19	常德市	44.6	44.62%
20	衡阳市	44.6	44.59%
21	鹤壁市	44.4	44.39%
22	黄石市	44.3	44.32%
23	开封市	44.2	44.22%
24	湘潭市	44.0	43.97%
25	岳阳市	43.5	43.42%
26	怀化市	43.4	43.43%
27	娄底市	43.2	43.24%
28	平顶山市	42.7	42.73%
29	洛阳市	42.4	42.43%
30	邵阳市	42.1	42.12%
31	郴州市	42.1	42.09%
32	驻马店市	41.9	41.95%
33	三门峡市	41.8	41.77%
34	孝感市	41.0	41.05%

续表

排名	地市	总得分	总得分率
35	安阳市	40.7	40.74%
36	新乡市	39.9	39.85%
37	商丘市	39.8	39.84%
38	信阳市	39.6	39.61%
39	焦作市	39.3	39.26%
40	周口市	38.8	38.83%
41	濮阳市	38.8	38.76%
42	张家界市	37.5	37.53%

5. 西北与西南地区城市治理智慧化水平排名情况

本次西北与西南地区入评样本城市70个，平均得分率为41.91%，低于平均水平。整体来看，由于西北、西南地区经济不发达、信息化发展水平较低等因素，城市治理智慧化发展水平相对较低。西北、西南地区得分排名前10位的城市分别为成都市、贵阳市、西安市、银川市、咸阳市、兰州市、绵阳市、泸州市、雅安市、德阳市，其中最高得分为59.9分，最低得分为25.4分，差距明显。具体得分情况见表16。

表16 西北与西南地区城市治理智慧化水平排名情况

排名	地市	总得分	总得分率
1	成都市	59.9	59.92%
2	贵阳市	56.4	56.42%
3	西安市	56.2	56.21%
4	银川市	53.5	53.48%
5	咸阳市	52.6	52.62%
6	兰州市	50.8	50.83%
7	绵阳市	50.0	50.03%

续表

排名	地市	总得分	总得分率
8	泸州市	49.5	49.52%
9	雅安市	49.1	49.13%
10	德阳市	48.4	48.44%
11	遂宁市	47.7	47.70%
12	攀枝花市	46.8	46.77%
13	铜仁市	46.6	46.57%
14	乌鲁木齐市	46.4	46.42%
15	广元市	46.3	46.29%
16	遵义市	46.2	46.24%
17	安顺市	46.2	46.17%
18	渭南市	46.1	46.13%
19	克拉玛依市	45.9	45.85%
20	嘉峪关市	45.8	45.83%
21	铜川市	45.8	45.80%
22	六盘水市	45.6	45.58%
23	达州市	44.6	44.59%
24	昆明市	44.5	44.49%
25	广安市	44.2	44.22%
26	汉中市	44.1	44.14%
27	张掖市	43.4	43.35%
28	自贡市	43.1	43.07%
29	延安市	43.1	43.06%
30	西宁市	42.8	42.84%
31	酒泉市	42.7	42.68%

续表

排名	地市	总得分	总得分率
32	宝鸡市	42.6	42.55%
33	毕节市	42.5	42.54%
34	保山市	42.5	42.49%
35	安康市	42.4	42.38%
36	南充市	42.3	42.33%
37	眉山市	41.9	41.90%
38	天水市	41.8	41.82%
39	资阳市	41.7	41.67%
40	商洛市	41.5	41.46%
41	陇南市	41.3	41.30%
42	榆林市	40.8	40.77%
43	金昌市	40.7	40.74%
44	内江市	40.6	40.61%
45	玉溪市	40.1	40.11%
46	乐山市	40.0	40.02%
47	白银市	39.9	39.92%
48	宜宾市	39.5	39.53%
49	吐鲁番市	39.5	39.48%
50	丽江市	38.6	38.57%
51	武威市	38.2	38.21%
52	吴忠市	37.5	37.51%
53	石嘴山市	37.4	37.42%
54	中卫市	37.4	37.40%
55	巴中市	37.0	36.98%
56	平凉市	36.8	36.80%
57	固原市	36.5	36.48%

续表

排名	地市	总得分	总得分率
58	哈密市	35.5	35.50%
59	拉萨市	35.3	35.34%
60	昭通市	35.3	35.27%
61	普洱市	35.2	35.17%
62	临沧市	34.4	34.36%
63	庆阳市	34.3	34.31%
64	定西市	33.4	33.39%
65	海东市	32.3	32.32%
66	曲靖市	32.2	32.20%
67	林芝市	29.4	29.40%
68	山南市	28.4	28.38%
69	昌都市	27.7	27.65%
70	日喀则市	24.9	24.92%

（三）各省或自治区评估排名情况

1. 各省或自治区评估得分分布情况

为了进一步了解各省或自治区城市治理智慧化水平，并进行区域性统计分析，现划分 [0,30]、(30,40]、(40,45]、(45,50]、(50,100] 五个区间，通过以不同底纹色块展示各省或自治区评估得分所在区间的分布情况，如图8所示，可以看出基本呈现东高西低的分布状态。

在大于50分的区间内，共有4个省份，属于第一梯队，其中浙江省平均得分最高，为55.8分，其余3个省份分别为江苏、广东、山东。湖北、福建、贵州、安徽、河北、陕西、四川7个省份平均得分处于45—50分，为第二梯队。大部分省或自治区平均得分处于40—45分，为第三梯队，

省份	分数区间
江苏 浙江 山东 广东	[50,100]
河北 福建 安徽 湖北 四川 贵州 陕西	[45,50]
山西 内蒙古 辽宁 黑龙江 江西 河南 湖南 甘肃 宁夏 新疆	[40,45]
吉林 广西 海南 云南 青海	[30,40]
西藏	[0,30]

图 8 各省或自治区城市治理智慧化水平评估得分分布情况

其中有湖南、辽宁、江西、河南、新疆、内蒙古、黑龙江、甘肃、山西和宁夏 10 个省份。广西、海南、云南、青海和吉林 5 个省或自治区平均得分在 30~40 分，处于第四梯队。西藏自治区分数最低，单独处于第五梯队。

2. 各省或自治区评估得分排名情况

通过对各省或自治区入评城市平均得分进行统计，高于全国平均水平 45.1 分的省份共有 10 个，由高到低依次为浙江、江苏、广东、山东、湖北、福建、贵州、安徽、陕西、四川；后 17 个省或自治区平均分数均低于全国平均水平，其中 16 个省或自治区分数均在 30 分以上，而西藏自治区分数为 29.1 分，处于 30 分以下。具体见得分排名表 17。

表 17 各省或自治区城市治理智慧化水平平均得分排名（2017 年）

排名	省份	入评城市个数	参考平均分
1	浙江省	11	55.8
2	江苏省	13	54.2

续表

排名	省份	入评城市个数	参考平均分
3	广东省	21	53.1
4	山东省	17	50.5
5	湖北省	12	49.7
6	福建省	9	49.2
7	贵州省	6	47.2
8	安徽省	16	47.1
9	陕西省	10	45.5
10	四川省	18	45.2
11	河北省	11	45
12	湖南省	13	44.5
13	辽宁省	14	42.9
14	河南省	17	42.9
15	江西省	11	42.9
16	内蒙古自治区	9	42.1
17	新疆维吾尔自治区	4	41.9
18	黑龙江省	12	41.5
19	甘肃省	12	40.7
20	山西省	11	40.6
21	宁夏回族自治区	5	40.4
22	广西壮族自治区	14	39.4
23	海南省	4	38.7
24	云南	8	37.8
25	青海	2	37.6
26	吉林省	8	36.9
27	西藏自治区	5	29.1

八、评估结果单项分析

（一）智能感知评估结果分析

1. 总体评估结果

智能感知是城市治理智慧化的基础，该指标主要包括数据管理和支撑平台2个二级指标。根据本次评估结果显示，我国城市智能感知的整体水平还不高，且各城市建设水平差距较大，仍需要继续加大建设力度。据统计，该项指标平均得分为4.78分（权重为15分），平均得分率为31.88%，其中最高得分为10.8分，最低得分为1.5分，最高分与最低分相差9.3分。该项指标得分排在前10位的城市大部分集中在沿海经济发达地区，如宜昌市、铜陵市、青岛市、宁波市、厦门市、杭州市、广州市等。

2. 区域对比分析

通过对评估结果的对比分析，该项指标得分在地域上存在较大差距，其中华东地区分值最高，华中和西北地区处于第二阶段，华北、华南和西南地区处于第三阶段，东北地区总分在4分以下，相对较低。整体来看，各区域总分最高值与最低值相差2.1分，相差不大，表明各区域在信息基础设施建设上都比较重视，奠定了一定的基础。具体情况如图9所示。

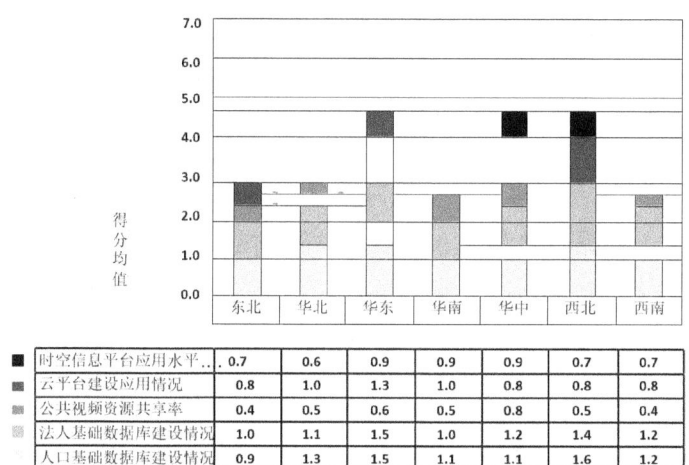

图9 各区域智能感知评估指标得分情况对比

3. 具体评估指标结果说明

（1）人口基础数据库建设情况：根据评估结果显示，人口基础数据库评估指标平均得分为1.3分（权重为4分），平均得分率为31.63%。得分高于平均分的城市有146个，约占总入评城市的49.82%，整体水平相对较低。

该项指标最高分为3.6分，最低分为0.2分，最高分与最低分相差3.4分，差距较大，其中相对比较好的城市有宜昌市、无锡市、杭州市、宁波市、聊城市等。

（2）法人基础数据库建设情况：法人基础数据库主要考察建设应用及数据的共享交换情况。根据评估结果显示，法人基础数据库的平均得分为1.2分（权重为4分），平均得分率为30.51%。得分高于平均分的城市有131个，占总入评城市的约44.7%。该项指标得分相对比较高的城市有宜春市、厦门市、哈尔滨市、青岛市、宁波市等，大部分城市还处于建设推进阶段。通过对不同区域法人基础数据库建设指标得分情况显示，华东地区平均得分最高，达到1.5分，平均得分率为36.41%；

东北、华南地区得分为 1.0 分，该项指标整体建设水平相对较低。

（3）公共视频资源共享率：该项指标主要评估已整合共享视频资源部门数量占需要整合共享部门数量比例，主要包括公安、交通、城管、教育、环保、住建、安监等。

评估结果显示，公共视频资源共享率指标的平均得分为 0.5 分（权重为 2 分）。根据评估结果，实现公共视频资源整合共享相对比较好的城市有宜昌市、长沙市、株洲市、银川市等。在入评城市中，得分高于平均分的城市有 106 个，占总入评城市的 36.17% 左右，各城市公共视频资源整合意识已不断加强，但公共频资源共享建设方面还很欠缺。通过分析不同区域公共视频资源共享率，华中地区共享率最高，平均分数为 0.8 分，得分率为 37.66%。

（4）云平台建设应用情况：该项指标主要对云平台建设运营与应用情况进行评估，包括数据交换共享、应用系统管理及迁移上云等。根据评估结果显示，云平台建设应用情况指标平均得分为 1.0 分（权重为 3 分），其中高于平均分的城市有 115 个，占总入评城市的 39.24% 左右。城市云平台建设应用相对较好的城市有青岛市、广州市、绍兴市、宜昌市、济南市等。通过对不同区域云平台建设应用情况指标得分分析来看，华东地区得分为 1.3 分，得分率达 43.11%，建设及应用情况最好，华北和华南地区得分均为 1.0 分，东北、华中、西北、西南地区得分相对较低。

（5）时空信息平台应用水平：该项指标主要考察时空地理数据库建设及应用情况。评估结果显示，其平均得分为 0.8 分（权重为 2 分），平均得分率为 39.37%，在 293 个入评城市中，高于平均分的城市有 149 个，占总入评城市的 50.85%。建设应用相对较好的城市有武汉市、深圳市、广州市、青岛市、滁州等，华南、华东、华中地区得分均在全国平均水平之上。通过评估分析可以看出，该项指标在智能感知的五项具体评估要点中得分是最高的，整体建设水平较高，为政府各部门业务开展提供了有力支撑，但整体应用情况还有很大的提升空间。

（二）智慧管理评估结果分析

1. 总体评估结果

智慧管理是中国城市治理智慧化的重要组成部分，是实现城市治理智慧化的关键。智慧管理一级评估指标包括资源开放、综合管理、智能决策3个二级指标，具体包括政府数据开放、政务公开、城市协同管理、公共信用信息、大数据辅助决策5个评估要点。根据评估结果显示，智慧管理整体水平不高，且各地市相差较大，该项评估指标平均得分率为44.38%，其中最高分为19分（权重为25分），最低分为4分，最高分与最低分相差15分。在智慧管理领域，高于平均水平的城市有151个，占比51.53%，其中比较好的城市有青岛市、无锡市、广州市、厦门市、武汉市、贵阳市等。

2. 区域对比分析

通过针对5个评估要点的不同区域得分情况对比分析，各个区域得分存在明显差距，华东地区的建设水平领先于其他地区，其中"大数据辅助决策情况"与"城市协同管理平台情况"两项指标平均得分较高。华南地区得分情况次之，其"公共信用信息平台建设情况"这项指标的平均得分较好，高于其他地区。华中、西南、东北地区相差不大，华北与西北区域整体成绩相对较低，其中"公共信用信息平台建设情况"远低于其他地区，具体如图10所示：

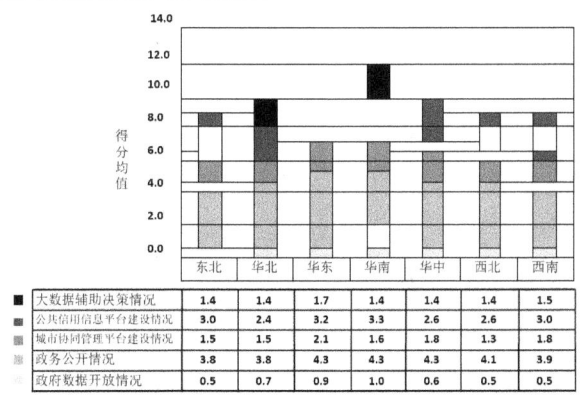

图10 不同区域智慧管理评估指标得分均值对比

3. 具体评估指标结果说明

（1）政府数据开放情况：政府数据开放是体现资源共享与开发利用、推动智慧管理的重要指标。根据评估结果显示，政府数据开放整体情况评估指标平均得分为0.7分（权重为5分），平均得分率为14.68%，充分说明我国政府数据开放情况还不太理想，仍需要加大引导与实施力度。该项指标得分相对较好的城市有青岛市、贵阳市、广州市、哈尔滨市等，均建有政府数据开放平台，提供数据目录、数据分析、应用服务等内容，且数据更新情况良好。通过分析不同区域政府数据开放情况可以看出，华南地区以平均得分1.0分、平均得分率20.51%，领先于其他地区，其余各区域平均得分均小于1.0分，不同区域之间分差不大。

（2）政务公开情况：政务公开是体现智慧管理理念的重要路径，主要通过考察政府在行政权力、财政资金、行业监管、行政执法等方面的公开情况，推动城市多元主体参与城市管理与监督。评估结果显示，政务公开情况评估指标平均得分为4.1分（权重为5分），平均得分率为82.47%，相对比较好的城市有青岛市、宁波市、无锡市、苏州市、厦门市、扬州市等。由此可见，由于国家持续不断地推动政务公开工作，目前已取得了较好成绩，但随着行政体制改革力度的加强，政务公开工作需要继续保持公开的力度与广度。通过不同区域政务公开情况评估指标得分来看，华中、华东、华南地区平均得分达到80%以上，而西南、东北、华北地区与其他区域有一定差距。

（3）城市协同管理平台建设情况：该指标主要评估城市管理领域业务协同、统一指挥平台建设应用情况，重点考察城市协同管理水平。从评估结果来看，我国城市协同管理与指挥协调水平还不高，平均得分为1.7分（权重为5分），平均得分率为34.68%。该项指标成绩较好的城市有沈阳市、无锡市、青岛市、德州市、安庆市等。通过对比不同区域城市协同管理平台建设情况指标得分分析可知，各区域平均得分均低于2.5分，其中华东地区处于领先位置，平均得分为2.1分，平均得分率为42.96%。

（4）公共信用信息平台建设情况：社会信用体系建设是现代城市治理的基础，该指标主要评估各城市信用信息互联互通、交换共享及应用情况等。从评估结果来看，公共信用信息平台建设情况指标平均得分为3.0分（权重为5分），平均得分率为59.77%，该项指标评估成绩比较好的城市有厦门市、青岛市、常州市、济南市、攀枝花市等。另外，通过对各区域统计分析，华南、华东、东北3个地区的平均得分率在及格水平以上，华中、西北、华北、西南4个地区得分低于全国平均水平。整体来看，我国公共信用信息整合应用还处于起步阶段，需要进一步提升公共信用信息平台建设及应用服务水平。

（5）大数据辅助决策情况：该项指标考察点主要是城市治理重点领域大数据开发利用及辅助决策支持情况。从该评估指标得分统计结果可以看出，其平均得分为1.5分（权重为5分），平均得分率为30.29%，整体水平比较低，基于大数据的城市治理还需要不断加强创新和应用。其中贵阳市、厦门市、南通市、嘉兴市、银川市等在大数据辅助决策方面均取得了一定成绩。从区域评估结果分析来看，华东地区以平均得分1.7分处于领先地位，其他地区平均得分率均低于全国水平。虽然各地利用大数据辅助决策的意识不断增强，但整体仍处于起步阶段。

（三）惠民服务评估结果分析

1. 总体评估结果

惠民服务是城市治理智慧化中需要关注的重点领域，也是城市治理智慧化的核心目标，主要包含政务服务和城市公共服务2个二级指标，具体涵盖一站式办理情况、政务服务平台建设应用情况、网上公共服务开通情况和公共服务渠道整合情况等评估要点。根据评估结果分析，该项评估指标平均得分为15.4分（权重为25分），平均得分率为

61.75%，在5个一级评估指标中评价得分率是最高的，这也说明惠民服务在各城市得到了广泛重视，并不断进行创新发展，其中杭州市、佛山市、中山市、金华市、阜阳市、青岛市等惠民服务水平走在前列。

2. 区域对比分析

通过对具体评估要点在不同区域的对比分析可以看出，华东地区的建设水平高于其他地区，其中"网上公共服务开通情况""政务服务平台建设应用情况""公共服务渠道整合情况"3项指标平均得分高于其他地区；华南地区"一站式"办理情况领先于其他地区；华北、西南、西北3个地区得分低于其他地区。整体来看，各区域惠民服务水平相对比较均衡，整体得分差距在2分左右。具体如图11所示。

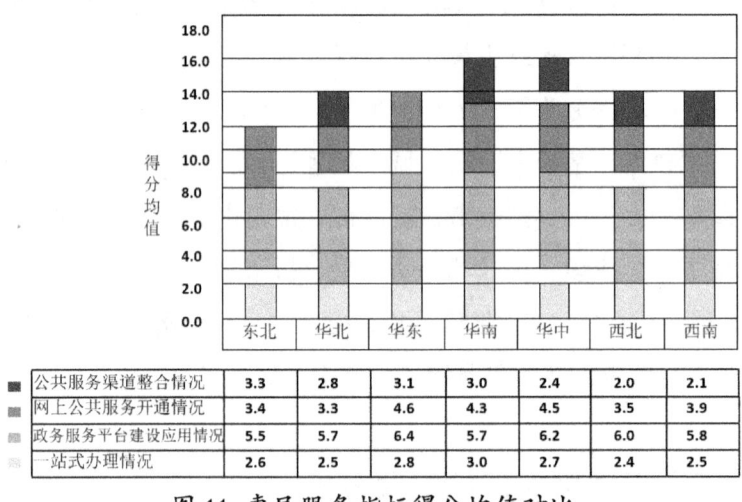

图11 惠民服务指标得分均值对比

3. 具体评估指标结果说明

（1）"一站式"办理情况：该项指标主要考察线下服务大厅"一站式"办理情况，从评估结果统计分析可以看出，其平均得分为2.7分（权重为5分），平均得分率为53.40%。从整体来看，我国各城市"一站式"办理情况处于初级阶段，且城市之间发展水平也不均衡，其中扬州市、佛山市、杭州市、嘉兴市等相对较好。从不同区域"一站式"办理情况评估分析可知,华南地区平均得分为3.0分,其余各区域平均得分均低于3.0分;其中华南、华东、华中地区发展水平高于全国平均水平,得分率分别为60.87%、55.32%、53.47%,东北、华北、西南、西北地区发展水平均低于全国发展水平。

(2)政务服务平台建设应用情况:该项指标主要考察政务服务平台建设及网上办事推进情况。从评估指标统计结果来看,政务服务平台建设应用情况平均得分为6.0分(权重为8分),平均得分率为74.87%,其中宁波市、佛山市、开封市、珠海市、厦门市、太原市、营口市等相对较好。整体来看,各城市政务服务平台建设情况较好,但是真正实现网上办事的不多,需要积极推进政务事项标准化建设,不断提升网上办事的深度与广度。从不同区域评估结果来看,各地区平均得分均高于5.5分,不同区域之间存在一定差距,其中华东地区平均得分为6.4分,处于领先地位,东北地区发展水平相对较低。

(3)网上公共服务开通情况:该项指标主要评估通过网上办理生活缴费、医院预约挂号等公共服务情况。根据评估分析可以看出,网上公共服务开通情况平均得分为4.1分(权重为6分),平均得分率为67.45%,其中有190个城市得分率在80%及以上,103个城市得分率在40%及以下。整体来看,网上公共服务呈现两极分化现象,发达地区推广应用较好,其他城市普遍应用水平较低。从不同区域统计结果来看,各地区平均得分均高于3分,但不同区域得分差距较大,其中华东、华中、华南地区平均得分率高于全国水平,西南、西北、东北及华北地区平均得分率低于全国水平。

(4)公共服务渠道整合情况:该项指标主要评估市民服务平台、服务热线、智能卡建设及微信、支付宝服务等开通情况。由评估结果可以看出,各城市普遍重视公共服务平台建设,支持应用微信与支付宝城市服务平台等,并取得了显著成效。整体来看,公共服务渠道整合情况平均得分为2.7分(权重为6分),平均得分率是45.53%,其中98个城市得分率高于平均得分率,其中青岛市、潍坊市、南京市、舟山市、福州市、宿迁市、大连市等都走在了前列。从不同区域公共服务渠道整合评估情况来看,各区域平均得分均低于3.5分,不同区域之间差距较大,仍需要加大公共服务渠道建设与整合力度。

(四)网络空间评估结果分析

1. 总体评估结果

随着互联网应用水平的不断提升,网络空间治理已成为城市治理的重要内容。本次网络空间评估主要从舆情监测、网络市场监管、网络安全3个维度进行,从评估结果分析来看,网络空间评估指标平均得分为4.1分(权重为15分),平均得分率为27.44%,293个参评城市中有123个城市在平均水平以上,其中深圳市、厦门市、广州市、西安市、岳阳市、武汉市等相对较好。整体来看,我国网络空间治理总体水平较低,亟待各城市加强网络空间规范化发展与安全管理。

2. 区域对比分析

通过对网络空间整体评估结果统计分析,不同区域网络空间指标得分均值存在一定的差距,华北地区各项指标的总体得分最高,为4.7分,其中网络舆情监测情况指标得分均值高于其他区域。华北、华东地区网络市场监管情况指标得分与西北、西南地区网络安全管理平台建设情况指标得分均高于其他地区。由此可见,网络空间建设情况不同区域有不同优势。整体来看,各区域该项指标建设水平相对较低,需加大建设力度。具体情况如图12所示。

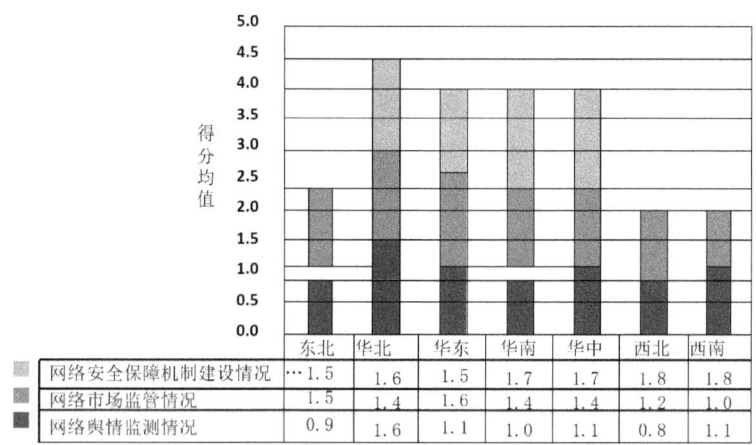

图 12 不同区域网络空间指标得分均值对比表

3. 具体评估指标结果说明

（1）网络舆情监测情况：该项指标主要评估舆情监测管理机制、平台建设、分析应用等情况，以此综合评价各城市在治理智慧化过程中网络舆情监测能力及效果。本次评估结果显示，该项指标平均得分为1.1分（权重为5分），平均得分率为21.72%，仅有70个城市得分在平均水平以上，其中衢州市、景德镇市、宁波市、丽水市、衡水市、珠海市等相对较好。整体来看，我国网络舆情监测情况不太理想，需要加强统筹管理力度，加大人力、财力等方面投入。

（2）网络市场监管情况：该项指标主要评估网络市场管理机制、平台建设及信息公开情况等，以此来推动各城市网络市场的健康发展。从本次评估结果可以看出，网络市场监管情况指标的平均得分为1.4分（权重为5分），平均得分率为27.77%，所有参与评估的城市中有141个城市达到平均水平，该项指标整体得分较低，其中厦门市、广州市、唐山市、福州市、岳阳市等相对较好。整体来看，网络市场监管还处于起步阶段，监管法律法规建设与监管方式等都在探索之中，需要加强各城市网络市场监管意识，强化监管平台建设及应用效果等。

（3）网络安全保障机制建设情况：网络安全是互联网时代的重要

话题，也是保障城市治理的关键要素之一。该项指标主要评估网络安全管理平台建设应用及应急保障机制建设情况，根据本次评估结果，其平均得分为1.6分（权重为5分），平均得分率为32.84%，所有参与评估的城市中有123个城市在平均水平以上，其中西安市、舟山市、北海市、贵阳市、滨州市等在网络安全方面走在前列。整体来看，我国网络安全保障机制建设有待提升，需要加强网络安全体系建设力度。通过对不同区域网络安全保障机制建设情况指标得分分析可知，各区域平均得分差别不大，这也显示出网络安全受到了各省市的高度重视。

九、总体结论与策略建议

（一）城市治理理念逐步推进，需要继续加强制度设计与管理体制改革

通过对此次评估结果的综合分析可以看出，随着新型智慧城市建设的不断深入，我国城市治理智慧化的理念也在逐步推进，体制机制创新步伐加快，信息技术在城市规划建设、公共管理与服务等方面得到广泛应用，城市管理资源整合、精准化管理等实施策略得到积极实践，并取得了一定成效。但同时应该清楚地看到，互联网时代城市治理的道路还很长，治理智慧化的理念需要新的思维模式与制度规范去引导，仍需要继续加强顶层制度设计与体制机制改革。

1. 加强城市治理顶层设计，成立相关的城市治理领导机构与组织协调实施的相关部门

目前，各省市具有城市综合管理职能的部门较多，职能交叉、资源分散、效率低下等成为常态化问题，已不适应信息社会快速发展下的城市治理需要。为此，需要积极落实推进国家治理体系和治理能力现代化

战略，加快城市管理体制改革，成立城市治理统一协调指挥与运营管理机构，明确各职能单位职责，形成一体化的城市治理网络与运行体系。

2. 加强制度体系建设，完善城市治理相关法律法规与管理制度

现代城市治理涉及体制机制、制度规范、信息资源、网络安全等多个层面，需要加快完善相关规章制度，减少城市治理的制度沟通成本，确保城市治理过程中有法可依，以适应互联网时代的城市治理新形势，保证城市治理宏观层面的科学化、制度化，同时实现微观层面的数据化、智能化。

3. 加强城市治理改革研究，积极推进城市治理特色实践

城市治理是一项系统工程，其核心是利用信息技术的优势，推动城市各组织的不断优化，提升包括政府、企业及相关机构的管理效率。按照信息社会发展规律，积极研究城市治理智慧化改革与创新，同时加强与政治体制、经济体制和文化体制方面的衔接与融合。根据各个城市自身的特点，推进城市管理模式创新，构建以重点管理领域为核心的一体化治理架构，逐步整合相关管理部门职能，加强试点示范与经验总结，最终形成符合城市实际需要的治理体系。

（二）整体处于初步构建阶段，需要加大统筹布局与体系化推进力度

2017年，对全国293个副省级及地级城市治理智慧化水平的全面评估，其平均得分仅为45.1分（满分为100分），说明我国城市治理智慧化体系整体处于初步构建阶段，基本上与当前我国城市治理现状是相符的。目前，各省市主要以新型智慧城市为契机，积极推动政府体制机制与城市建设运行模式的创新，虽然公共管理属于主要内容，但以新理念集中打造城市治理智慧化体系的还比较少，在政策文件、组织机构、规章制度、资源体系等方面只是进行了局部创新实践。为了全面加快我国

城市治理步伐，需要加大统筹布局与体系化推进力度。

1. 提升战略定位，加强统筹布局

2016年12月，习近平总书记在中共中央政治局第三十七次集体学习时进一步强调，坚持依法治国和以德治国相结合推进国家治理体系和治理能力现代化。在新的形势下，城市治理能力已成为当前一项重大任务，需要把提升城市治理水平作为城市发展的重要战略，科学编制城市治理智慧化发展规划，并与经济社会各领域相关规划进行融合，集中全市优势资源，统筹布局城市治理智慧化体系建设，快速提升城市发展软实力。

2. 明确实施路径，循序渐进推进

抢抓信息社会发展机遇，明确以信息资源为核心驱动力量的城市治理实施路径，通过城市信息资源的整合与开发利用倒逼政府行政体制改革，科学优化实施流程，逐步形成可持续的发展局面。坚持循序渐进的原则，首先要加快国家政治管理与社会管理的有机结合，疏解城市"维稳"治理中的"瓶颈"问题。然后，进一步加强社会公共管理与社会组织、市民个人管理相结合，构建以市场机制为主导、社会公共事务管理为核心的城市治理体系，形成真正的多元主体参与治理模式。

3. 坚持多管齐下，体系化推进

从城市管理到城市治理，不仅是关键词的变化，也是城市发展理念与资源配置方式的深刻变革，需要加强顶层设计，坚持多管齐下，选择合适的路径和治理工具，实现体系化推进。首先，要重塑城市与政府、社会、市场之间的关系，清晰各参与要素的定位，形成良性的推进机制；其次，依法配置城市资源，通过完善相关法律法规，明确以信息资源为核心的城市治理资源的各种权责，形成依法治理的路径；最后，加强新型组织机构、开放性平台、建设运营机制、评估考核体系等的落实，形成规范化、流程化的治理模式。

(三)城市公共服务成果初显,需要继续拓展"互联网+城市服务"体系

近年来,我国通过大力实施"互联网+"行动计划及信息惠民重点工程等,充分发挥了政府与互联网企业的双重作用,使城市公共服务水平得到了显著提升。从此次评估结果来看,惠民服务评估指标的平均得分为15.4分,在5个一级评估指标的平均得分率中也是最高的。例如,浙江省杭州市城管部门不断深化信息惠民平台服务内容,拓展服务渠道,先后在贴心城管App、微信、支付宝等渠道实现对犬证办理、年审、违停罚缴、停车包月申请等市民关切的便民事项的网上办理。同时将公厕查询、找车位、便民服务、道路停车补缴费、违规停放机动车的处罚、缴费等服务事项接入"杭州办事服务"App和"浙里办"。截至2019年1月31日,平台注册市民439129人,累计响应市民服务请求3669万次。

1. 坚持以人为本的治理理念,以服务驱动城市治理体系建设

城市治理智慧化的根本目的是打造一个宜居宜业的城市环境,不断提升市民幸福指数。所以,构建城市治理体系的首要任务是确立以人为本的服务理念,既要改变政府社会事务管理的传统思维模式,又要避免治理变为"维稳"的单一管理任务。通过加快落实国家社会治理政策文件,创新以"互联网+服务"为核心的治理模式,同时充分利用互联网企业的创新优势与市场化运营策略,填补政府在城市治理方面的不足,实现城市治理的多元化与智慧化。

2. 全面落实"互联网+政务服务"政策,提升政务服务水平

据统计,我国80%以上的省市和地区制定实施了"互联网+政务服务"实施方案,积极构建省、市、县、乡镇四级政务服务网络,逐步实现政务服务"一号一窗一网"。由于各地政务服务网络、市民信息化素养及配套服务等参差不齐,需要构建多渠道、多样化的服务平台,满足不同群体的需要。加强政务服务流程优化与标准化建设,推动各级部门

政务服务网络互联互通、数据共享，实现政务服务网络化。建立线上线下一体化政务服务平台，实现"一号一窗一网"式办理。

3. 充分拓展"互联网 + 城市服务"渠道，逐步实现城市治理服务化

当前，信息社会已成为主流社会形态，共享经济快速发展，充分发挥企业的创新优势，鼓励企业参与"互联网 + 城市服务"渠道建设，拓展城市治理网络，有效补充政府在交通、城管、安全、环保等管理方面的不足。加强政府与社会数据资源的整合、共享、开放力度，支持企业开发大数据在城市治理方面的应用，提升城市治理智能化水平与决策支持能力。支持政企合作，鼓励企业通过各种公共服务平台提供城市服务，进一步为市民衣、食、住、行提供"一站式"服务。

（四）虚拟空间管理支撑不强，需要加强信息资源开发利用水平

当前，信息资源作为战略性资源，在经济社会发展中的核心驱动作用越发凸显，针对虚拟空间资源的开发与治理也受到了高度重视。在城市治理智慧化方面，通过信息技术的广泛应用，逐步打破物理空间在地域与时间上的限制，进一步解决信息不对称的问题，使城市治理精准化水平得到显著提升。但是，此次评估结果也显示，智能感知和网络空间两项评估指标的平均得分率相对较低，分别仅为31.88%和27.44%，说明各省市针对虚拟空间的管理还不到位。为了有效发挥信息资源在城市治理中的价值，需要加强网络空间的规范化建设。

1. 成立数据统筹管理部门，完善城市数据管理机制

紧跟信息社会发展形势，围绕基于大数据的城市治理趋势，按照国家《促进大数据发展行动纲要》《政务信息资源共享管理暂行办法》等政策文件要求，加强城市数据管理的体制机制创新，成立城市数据统筹

管理机构，强化其数据整合、开发利用与安全管理等主体责任与权威性，解决当前城市数据资源无序管理的局面。积极制定城市信息资源管理方面的法律法规，明确城市数据资源的所有权、使用权、处置权等，为推动城市治理创造良好的环境。

2. 积极推进数据标准化建设，加强城市数据资产

目前，城市数据大部分掌握在政府手中，但政府网络复杂、系统庞杂、数据混杂等问题制约了城市数据资源的开发利用。按照国家政务信息资源编目试点工作及政务信息资源目录编制指南等相关要求，加强政务信息资源梳理，建立政府部门和事业单位等数据资源清单，务实推进数据的清洗比对，逐步实现城市数据的规范化和标准化。

加强政务数据交换共享与对外开放，促进政务数据资源与社会数据资源的融合，构建基于大数据的城市治理与决策支持系统，推动城市治理智能化。

3. 加强虚拟空间管理，适应城市治理模式的变化

目前，由于互联网技术的快速发展及"互联网+"的创新融合，与市民日常工作与生活密切相关的活动快速向网络世界延伸，包括社交、购物、学习、就医、交通出行等方面，同时政府的监管范围将向网络世界延伸，城市治理方式也从传统的线下转变为线上线下共同治理。

推动政府数据开放与政务信息公开，加强社会监督，形成多元参与城市治理新模式。加快制定出台虚拟空间管理的相关法律法规，建立网络信用体系，规范网络信息、网上购物、网络广告等内容，推动网络市场的健康发展。

4. 完善信息安全相关法律法规，加强信息安全管理

加快出台信息安全相关的法律法规，建立健全信息安全管理制度与应急保障机制，不断完善信息安全标准体系，实现信息安全管理制度化、体系化。利用大数据、云计算等技术，加强城市信息安全基础设施建设，包括云数据中心与灾备中心、信息安全管控平台、数据脱敏脱密平台等，为信息安全管理提供重要支撑。加强个人信息安全管理，规范企业采集、管理、利用市民个人信息的行为，并且加大违法处罚力度。加强城市重要基础设施与行业信息安全监管，增强网络安全态势感知与预防能力。

（五）社会力量参与治理不够，需要加快构建多中心公共治理格局

自2011年开始，我国开始建立"党委领导、政府负责、社会协同和公众参与"的社会管理格局，党的十八届三中全会更是提出"推进国家治理体系和治理能力现代化"的战略目标。通过不断的努力，我国"全能型政府"正在向"有限政府"转变，城市治理中"社会协同"与"公众参与"的模式也在构建。根据本次评估结果可知，主体协同评估指标平均得分为9.7分，平均得分率相对比较低。为了进一步提升城市治理的社会参与度，全面推进城市治理智慧化体系建设，需要加强体制机制创新、推动协同管理渠道建设与社区自治试点示范，使城市治理真正成为多元主体参与的治理模式。

1. 加强体制机制创新，不断优化多元主体参与城市治理环境

随着政府行为模式从政府单方管制到社会共同治理的转变，城市治理理念及治理模式的创新发展使公众的参与，不仅成为逻辑上的自然演变，更是转型时期我国城镇化建设的必然选择。创新城市治理体制机制，一方面要加快推进政府职能转型，通过合理定位政府在城市治理中的职能，推行政府权力责任清单制度，处理好政府与企业、社会组织、市民之间的关系，最大限度地防止政府职能越位。另一方面是建立协同管理机制，以协同理念加强城市管理，建立集中领导、协调有力的指挥机制，统筹城市管理工作中部门与部门、下级与上级的关系，使各部门步调一致地服务于城市管理总体目标的实现。

2. 加强城市治理资源挖掘，建立多主体治理模式

经过多年努力，我国城市治理在多主体参与意识、公共治理渠道建设、网格化管理等都取得了显著成绩，有效推动了城市治理体系建设。随着越来越复杂的多元化社会成长与公共资源整合的需要，亟须加强城市治理资源的深度挖掘，打造多主体治理模式。首先，加强企业的社会责任，鼓励企业不断参与社会公益事业回馈社会，发挥企业在城市治理中的技术与人才优势。其次，充分利用各地市网格化管理资源，建立基于城市级网格的统一城市治理架构，实现网格融合、资源共享，加强网络统一管理与执法权力下放。最后，建立统一的城市治理及公共服务平台，加强城市治理领域的基础数据采集与资源挖掘等，为实现城市协同管理提供平台支撑。

3. 推进社会共治共享，引领城市治理新趋势

一段时间以来，我国社会管理比较重视强调党政影响力的基层延伸，而忽视了社会组合、社区居民自治能力的提升。为了真正打造多主体参与的城市治理架构，需要充分利用市民的主动性与创造力，首先要利用"互联网＋民生服务"重点工程建设机遇，建立专家咨询和听取市民代表意见机制，坚持民生工程社会全过程参与，推动城市治理由"动员型"参与转变为"自觉型"参与。其次，按照《中共中央 国务院关于加强和完善城乡社区治理的意见》，进一步加强基层群众性自治组织规范化建设，继续完善城乡社区居民自治的组织架构，合理确定其管辖范围和规模，促进基层群众自治与网格化服务管理有效衔接。最后，开展城乡社区自治试点示范，健全居民会议制度、居民议事监督制度、议事规则、社区事务听证制度，规范社区民主决策程序等，避免基层权力过于集中在城区街道及社区"行政服务中心"，逐步推进社区自治。

参考文献

[1][美]刘易斯·芒福德.城市发展史[M],宋俊岭,倪文彦,译.北京:中国建筑工业出版社,2005.

[2]中国互联网络信息中心.中国互联网络发展状况统计报告,2017.

[3]张超.城市管理主体多元化模式探讨[J].学海,2006(6)

[4]EuropeanSmartCities website: www.smart-cities.eu.

[5]杨冰之,郑爱军.智慧城市发展手册[M].(修订版)北京:机械工业出版社,2012.

[6]高圆.智慧治理:互联网时代政府治理方式的新选择[D].长春:吉林大学,2014.

[7]中国社会科学院信息化研究中心,国脉互联智慧城市研究中心.2016年中国智慧城市发展水平评估报告,2016(11).

[8]国脉互联智慧城市研究中心,宁波市智慧城市规划标准发展研究院.智慧城市发展水平评估报告,2011(8).

[9]施雪华.当前中国社会管理的成就、问题与改革[J].学习与探索,2013(3).

[10]中共中央、国务院关于加强和完善城乡社区治理的意见,2017.